돈도 공부가 필요해!

미미 교양 ❸
돈도 공부가 필요해!

1판 1쇄 발행 2024년 6월 10일
1판 2쇄 발행 2025년 5월 30일

안재욱 글 | 민유경 그림
펴낸곳 머핀북 | 펴낸이 송미경 | 편집 skyo0616 | 디자인 최혜영
출판등록 제2022-000122호 | 주소 서울특별시 마포구 신촌로2길 19 304호
전화 070-7788-8810 | 팩스 0504-223-4733 | 전자우편 muffinbook@naver.com
인스타그램 muffinbook2022 | 블로그 blog.naver.com/muffinbook

ⓒ안재욱, 민유경 2024

ISBN 979-11-93798-12-6 73320

책값은 뒤표지에 있습니다.
잘못된 책은 구입하신 서점에서 바꾸어 드립니다.
이 책은 저작권법에 따라 보호받는 저작물이므로 무단 전재와 복제를 금합니다.
이 책의 내용을 이용하려면 반드시 저작권자와 머핀북의 동의를 받아야 합니다.

어린이제품 안전특별법에 의한 기타표시사항
제품명 도서 | 제조자명 머핀북 | 제조국명 한국 | 사용연령 8세 이상
KC마크는 이 제품이 공통안전기준에 적합하였음을 의미합니다.

돈도 공부가 필요해!

글 안재욱 · 그림 민유경

머핀북

작가의 말

우리는 누구나 부자가 되고 싶어 해요. 돈이 많기를 바라죠. 그런데 그러기 위해서는 돈이 무엇인지, 돈이 왜 필요한지, 돈을 어떻게 벌고, 쓰고, 관리해야 하는지 알 필요가 있어요.

돈은 사람들이 물건이나 서비스를 사고파는 거래를 편하게 해 주는 수단이에요. 우리가 가진 재산을 나타내는 표시이기도 하고요. 그래서 많은 사람들이 돈은 많으면 많을수록 좋다고 생각해요. 그러나 꼭 그렇지만은 않아요. 사회 전체적으로 돈이 많으면 오히려 나빠요. 물가가 올라 생활하기 더 어려워지기 때문이에요.

중요한 것은 생산이에요. 사람들이 필요로 하고 원하는 물건들이 많이 생산돼야 해요. 물건들이 많이 생산되려면 모두가 열심히 일해야 하지요. 열심히 일해 얻은 소득으로 저축하고 투자도 해야 나중에 잘살게 되는 것이랍니다. 그리고 정말로 부자가 되고 싶으면 사람들을 만족시켜야 해요. 사람들이 좋아할 물건을 만들어 팔거나, 사람들이 즐거워하는 일을 해내는 것이죠.

 이 책에는 돈의 탄생에서부터 돈을 버는 방법, 현명하게 쓰는 방법, 저축하는 방법, 투자하는 방법까지 자세하게 담겨 있어요. 그리고 조금 어렵지만 경제가 어떻게 움직이고 있는지도 설명해 두었어요. 우리가 매일 사용하는 물품과 서비스를 만들고, 서로 교환하며 사용하고 나누는 활동을 경제라고 해요. 이 경제 활동은 시장을 통해 이루어지지요. 경제와 시장을 잘 알면 돈도 잘 이해할 수 있답니다. 경제의 중심에 돈이 있기 때문이죠.

 이 책을 통해서 어린이 여러분이 돈과 경제가 우리 삶에 얼마나 중요하고 큰 의미를 가지는지 알게 되면 좋겠어요. 그리고 돈을 많이 벌어서 잘사는 것도 중요하지만, 돈에 휘둘리지 않고 돈을 잘 다루어서 진정으로 원하는 삶을 사는 사람이 되길 바랍니다.

안재욱

등장인물

준성

부족한 것 없이 자라서 경제 개념이 부족하다.
먹고 싶은 것, 하고 싶은 것은 다 해야 하는 철부지.
말하는 돼지 저금통 뚜니를 통해
세상을 움직이는 돈의 가치를 조금씩 깨닫는다.
같은 반 친구 유리에게 이상하게 관심이 간다.

뚜니

준성이의 돼지 저금통. 자칭 경제 척척박사.
잘난 척이 심하지만 준성이에게 돈과 경제에
대해 제대로 알려 주려고 애쓴다.
배 속에 동전이 쨍그랑 들어올 때 가장 행복하다.
실은 지폐를 더 좋아하지만.

유리

준성이와 같은 반인 여사친.
친구들에게 선물하는 것을 좋아하는
다정한 성격이다.
취미는 다이어리 꾸미기로 손재주가 좋다.

성주

준성이랑 꼭 붙어 다니는 베프.
앞뒤 가리지 않고 충동적으로
물건을 사는 경향이 있다.

준성 부모님

준성이에게 적금 통장을 만들어 주고
주식을 선물할 만큼
경제 개념에 밝고 정확하다.

차례

편리한 돈, 소중한 돈

돈이 왜 필요할까? ... 14
살아가는 데 꼭 필요한 원동력 | 물물 교환과 돈의 탄생 |
교환의 매개체, 돈 | 돈의 또 다른 기능

사람들은 왜 돈을 좋아할까? ... 24
돈을 좋아하는 이유 | 은행 마음대로 돈을 찍을 수 없어

이런 것도 돈이야 ... 29
물품 화폐 | 금속 화폐 | 주화 | 지폐 | 전자 지불 수단 | 암호 화폐

돈을 잘 쓰는 방법 ... 40
우선순위 정하기 | 충동구매 멀리하기 | 소중한 용돈 아껴 쓰기

돈이 쌓이는 마법 노트 ... 44
체계적인 용돈 관리의 시작 | 용돈 기입장 작성법

차곡차곡 쌓이는 돈

누구나 돈이 많기를 바라지 ... 56
경제적 여유의 중요성 | 돈의 순기능

돈을 모으는 기본, 저축　　　　　　　　　　　　60
저축을 해야 하는 이유 ǀ 은행에 저금하면 좋은 점 ǀ 예금과 적금 ǀ
이자와 금리 ǀ 알맞은 통장 만들기

돈을 모았다면 투자도 해 봐　　　　　　　　　78
내 돈이 더 커지는 방법 ǀ 투자가 뭐야? ǀ 투자와 투기의 차이 ǀ
투자에도 종류가 있어

내가 직접 돈을 벌 수도 있어　　　　　　　　91
아르바이트 ǀ 창업 ǀ 어린이 CEO 도전하기

세상을 움직이는 경제

경제가 정확히 뭐냐면!　　　　　　　　　　　102
경제의 정의 ǀ 생산, 교환, 분배의 과정

물건의 가격은 누가 정할까?　　　　　　　　106
시장의 정의 ǀ 교환과 협동이 만나는 곳 ǀ 우리는 공급자이자 수요자 ǀ
모두에게 중요한 가격 ǀ 소비자가 결정하는 가격 ǀ 사유 재산권의 중요성

경제를 움직이는 3인방　　　　　　　　　　　120
경제의 핵심, 생산 ǀ 소비자 ǀ 기업가 ǀ 정부

왜 사람마다 소득이 달라?　　　　　　　　　130
소득과 소득 분배의 원리 ǀ 저마다 임금이 다른 이유 ǀ 노동의 수요와
공급을 흔드는 요인 ǀ 소득의 재분배 ǀ 바람직한 복지 제도

- 돈이 왜 필요할까?
- 사람들은 왜 돈을 좋아할까?
- 이런 것도 돈이야
- 돈을 잘 쓰는 방법
- 돈이 쌓이는 마법 노트

편리한 돈, 소중한 돈

말하는 돼지 저금통, 뚜니

돈이 왜 필요할까?

살아가는 데 꼭 필요한 원동력

부모님이 돈이 많은 것 같지만, 실제로는 그렇지 않아. 아빠와 엄마가 열심히 일해서 번 돈은 쓸 데가 아주 많거든. 네가 입는 옷, 네가 좋아하는 피자, 가족이 함께 먹을 쌀을 사야 하고 아파트 관리비, 전기세, 수도세도 내야 하지. 또 차가 고장 나면 수리해야 하고 갑작스레 이사하는 경우도 있어. 이렇게 가족이 살아가는 데 꼭 필요한 의식주를 해결하고, 가족이 원하는 것을 얻기 위해 돈을 쓰다 보면 부모님이 버는 돈만으로는 부족할 때가 많아. 그래서 평소에 돈을 아꼈다가 정말 필요하거나 가장 원하는 것부터 사야 해. 돈을 허투루 써 버리면 정작 꼭 필요하고 간절히 원하는 것을 살 수 없거든. 바로 오늘, 준성이 너처럼.

그런데 원하는 것을 사려면 왜 꼭 돈을 내야 해? 다른 방법은 없어?

오! 좋은 질문이야. '물물 교환'을 생각해 봐.
그럼 사람들이 왜 모두 돈을 쓰는지 이해하기 쉬워.

물물 교환과 돈의 탄생

<u>물물 교환</u>은 내 물건을 다른 사람의 물건과 바꾸는 거야. 예를 들면 준성이 네 야구공과 성주의 축구공을 바꾸는 것이지. 이렇게 둘이서 물건을 교환할 때는 돈이 전혀 필요 없어. 그런데 준성이 넌 축구공이 필요한 반면, 성주가 야구공을 원하지 않는다면? 그럼 너희는 물물 교환을 할 수 없단다.

이게 바로 물물 교환의 가장 큰 문제였어. 물물 교환은 내가

원하는 물건을 가진 사람이 내 물건을 원해야 이루어지는데, 매번 그런 사람을 만나는 것이 쉽지 않거든. 시간도 많이 걸리고 불편한 점도 많았어. 이와 관련된 재미있는 이야기를 하나 들려줄게.

사냥꾼이 해진 신발을 수선하려고 노루 가죽을 들고 신발 수선공을 찾아갔어.

사냥꾼은 노루 가죽이면 해결될 줄 알았는데 거절당하자 몹시 난감했지.

"혹시 쌀은 없소? 쌀 두 되를 주면 신발을 고쳐 주겠소."

신발 수선공의 말에 사냥꾼은 얼른 마을로 달려가 쌀을 가지고 있으면서 노루 가죽을 원하는 사람을 찾아보았어. 다행히 사냥꾼은 노루 가죽이 필요한 농부를 만나 쌀 두 되와 교환할 수 있었지. 사냥꾼은 곧장 신발 수선공에게 가 쌀 두 되를 주고 신발을 고쳤단다.

쌀은 남아도는데 노루 가죽이 똑 떨어졌네.

어때? 사냥꾼 이야기를 들어 보니 물물 교환이 얼마나 불편하고 어려운지 알겠지? 이렇게 물물 교환으로는 원하는 물건을 얻기 힘들어지자 사람들은 좀 더 쉽게 교환할 수 있는 방법을 고민했지. 그러다가 화폐, 즉 '돈'을 사용하게 된 거야. 물론 동전과 지폐가 처음부터 짠 하고 만들어진 건 아니야.

교환의 매개체, 돈

돈은 인류가 오랜 옛날부터 해 온 교환 활동 과정에서 우연히 만들어졌어. 아주 옛날에 누군가 예쁜 조개껍데기를 사용해 물건을 거래했는데 그 방법이 아주 편리했던 거지. 그러자 많은 사람들이 물건을 교환할 때 조개껍데기를 사용하기 시작했고, 조개껍데기는 곧 돈으로 자리 잡게 되었어. 이렇게 너도나도 사용한다는 것은, 달리 말하면 누구나 받아 준다는 뜻이야. 그래서 돈을 <u>교환할 때 누구나 받아 주는 물건</u>이라고 말해. 편리한 돈의 등장으로 물물 교환의 불편함이 싹 사라졌지.

> 이제 사람들은 돈을 받고 자신의 물건을 판 다음, 그 돈으로 자기가 원하는 물건을 사게 되었어.

이처럼 돈은 우리 사회에서 없어서는 안 될 물건이야. 무엇보다 돈이 있어서 인류가 발전할 수 있었단다. 무슨 말이냐고? 조금 전 화폐 덕분에 물물 교환의 불편이 사라졌다고 했지? 그러니까 내가 필요한 물건을 가진 사람, 내 물건을 갖고 싶어 하는 사람을 찾으러 다니는 대신 그 시간에 더 많은 생산을 할 수 있

> 내가 물건을 팔 때 돈을 받는 이유는, 나도 다른 사람의 물건을 살때 그가 돈을 받아 줄 거라는 믿음이 있기 때문이야. 사실 우리가 거래할 때 겉으로는 돈이 오가지만, 실제로는 내 물건과 다른 사람의 물건이 교환되는 거야. 이렇게 돈이 교환을 이어 준다고 해서 돈을 '교환의 매개체'라고도 해.

었어. 예를 들면 농부는 쌀을 더 많이 생산할 수 있었고 기술자는 물건을 더 많이 만들게 되었지. 즉, 물건을 거래하는 시간과 노력이 크게 줄어들면서 생산성이 올라갔고 덕분에 사람들은 더 많은 것들을 누리게 되었어. 그래서 돈을 <u>인류의 위대한 발명품 중 하나</u>라고 한단다.

돈의 또 다른 기능

돈은 '교환의 매개체' 말고도 중요한 기능이 더 있어.

첫째, <u>가치 척도의 기능</u>이야. 말이 좀 어렵지? 쉽게 설명하면 물건의 값이 화폐 단위로 표시된다는 뜻이야. 사실 가치 척도 기능은 돈이 교환의 매개체로 사용되면 자연스레 생겨. 돈으로 교환되고 거래된다는 것은 물건 값이 돈으로 표시된다는 말이니까. 이건 우리 생활에서 아주 중요한 의미를 가져. 왜냐고? 어떤 물건이 싸고 어떤 물건이 비싼지 비교할 수 있어서 싸고 좋은 물건을 살 수 있거든.

둘째, 돈은 **가치 저장의 수단**이기도 해.

가치 저장은 미래에 물건을 살 수 있는 능력을 보관하는 것을 말해.

우리는 돈을 벌었다고 해서 곧장 다 쓰지 않아. 잘 가지고 있다가 사고 싶은 것이 생기면 사용하지. 그래서 돈은 우리가 번 돈을 다시 쓸 때까지 저절로 가치 저장의 기능을 해.

그런데 가치 저장의 수단이 돈만 있는 것은 아니야. 주식, 채권 같은 **금융 자산**이나 보석, 미술품, 부동산 같은 **실물 자산**도 가치를 저장하는 수단이지. 어떤 면에서 보면 이런 자산들이 돈보다 더 나을 수 있어. 100만 원은 10년 후에도 똑같이 100만 원이

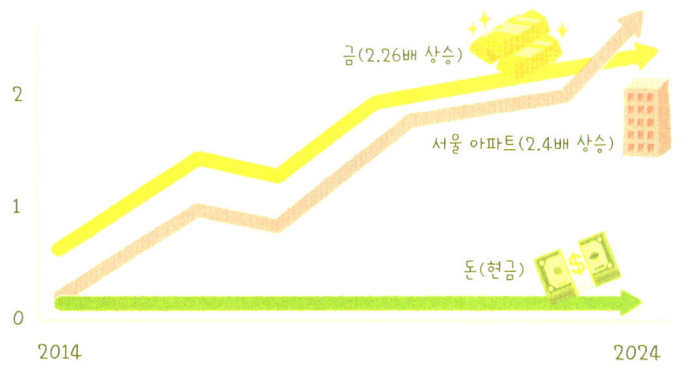

 지난 10년 동안 금과 서울 소재 아파트는 각각 2.26배, 2.4배나 상승한 반면, 현금은 시간이 지나도 가격이 오르지 않아.

지만, 다른 자산들은 시간이 지나면서 가격이 오를 수 있거든.

그런데 사람들은 왜 자산보다 돈을 더 좋아하고, 더 많이 갖고 싶어 할까? 바로 언제든 사용할 수 있기 때문이야. 돈의 이런 편리함을 <u>유동성</u>이라고 해. 유동성은 다른 말로 하면, 내가 가지고 있는 자산을 돈으로 바꿀 수 있는 속도야. 내가 건물이나 주식이 아무리 많아도 물건을 사려면 이를 팔아서 돈으로 바꿔야 하는데, 쉽게 팔리지 않을 수 있고 구매했던 값보다 더 싸게 팔아야 하는 경우도 생겨. 이렇게 자산을 돈으로 바꾸는 데에는 비용이 들고 불편이 따르지. 이럴 때 '유동성이 떨어진다'고 말해. 하지만 돈은 이러한 단점이 없어서 많은 사람들이 돈을 더 좋아하는 거란다.

그런데 돈이 가치 저장의 수단이 되려면 먼저 물가가 안정되어야 해. 무슨 말이냐고? 생각해 봐. 달걀 1개의 가격이 500원에서 1,000원으로 올랐다면 내가 가진 1,000원으로 예전에는 달걀 2개를 살 수 있었는데, 이제는 1개밖에 못 사잖아? 그래서 물가가 오를 때는 돈이 좋은 가치 저장의 수단이 아니야. 당연히 사람들은 돈을 가지고 있지 않으려 하고, 거래할 때도 돈을 받지 않으려고 해. 돈의 가치가 떨어져서 손해를 보기 때문이지.

독일의 물가가 300억 배 오른 이유

1923년에 독일의 물가가 2년 전보다 무려 300억 배 이상 뛰었어. 빵 한 조각을 사려면 당시 독일 돈이었던 라이히스마르크(Reichsmark)를 손수레에 가득 싣고 가야 했지. 사정이 이러니 상인들도 라이히스마르크를 받으려 하지 않았어. 즉, '가치 저장 기능'과 '교환의 매개체 기능'을 완전히 잃은 거야. 그런데 라이히스마르크의 가치가 왜 그렇게 떨어졌을까?

독일 정부가 돈을 너무 많이 만들었기 때문이야. 1차 세계 대전에서 패배한 독일은 연합국들에게 엄청난 전쟁 배상금(벌금)을 물어야 했는데, 독일 경제가 엉망이어서 배상금을 마련할 길이 없었지. 그래서 어쩔 수 없이 돈을 마구잡이로 찍어 배상금을 마련했어. 하지만 그로 인해 물가가 엄청나게 치솟았단다.

돈을 많이 찍어 내면 이런 문제가 있구나.

그럼! 사회에 큰 혼란을 줄 수 있어.

사람들은 왜 돈을 좋아할까?

돈을 좋아하는 이유

사람들은 모두 돈을 좋아해. 돈이 많으면 하고 싶은 것을 마음껏 할 수 있거든. 돈으로 행복을 살 순 없지만, 행복한 삶을 사는 데에는 도움이 되지. 그러나 돈에 너무 집착하면 여러 가지 문제가 생겨. 돈을 버는 데 급급해서 다른 사람이 피해를 입든 말든 아랑곳하지 않는다면 그건 사기를 치는 범죄나 다름없어.

그러니까 돈을 벌고 싶다면 열심히 일해야 해. 이렇게 일해서 버는 돈을 <u>소득</u>이라고 해. 이 소득은 내가 만든 물건이 팔리거나 내가 가진 기술을 누군가 이용하고 즐겨 줄 때 생겨. 예를 들어 볼까? 의사는 병을 고치는 기술을 이용하는 사람이 있어야 소득이 생기고, 텔레비전 회사는 텔레비전을 사는 소비자가 있어야 소득이 생겨.

이처럼 소득은 내가 어떤 방식으로든 남에게 베푼 것에 대해 보상을 받은 거란다.

그래서 돈을 많이 버는 부자가 되고 싶다면 다른 사람을 만족시켜야 해. 가수 BTS는 춤과 노래를 잘해서 팬들을 기쁘게 했기 때문에, 미국의 기업가 스티브 잡스는 아이폰을 만들어 사람들에게 편리함을 주었기 때문에 돈을 많이 번 거야.

이처럼 돈은 반드시 일을 해야만 벌 수 있다는 것을 잘 새기면 좋겠어. 그리고 정말 큰 부자가 되고 싶다면 다른 사람들이 더 좋아하고, 더 기뻐하는 일을 찾아서 해야 한단다.

용돈도 마찬가지야. 용돈이 더 필요하다면 부모님에게 돈을 달라고 조르기 전에 먼저 간단히 할 수 있는 일을 찾아서 해 봐. 그런 다음 정당한 대가를 요구하는 거지. 설거지, 쓰레기 분리수거, 반려견 산책 등등 잘 살펴보면 네가 할 수 있는 일들이 얼마든지 있을 거야.

은행 마음대로 돈을 찍을 수 없어

그런데 일하기 귀찮다고? 아마 준성이 너를 비롯해 많은 친구들이 이런 생각을 한 적 있을 거야. 은행에서 돈을 많이 찍어 사람들에게 나누어 주면 전부 부자가 되어 편하게 살 수 있을 거라고 말이야. 물론 처음에는 모두 기뻐하겠지. 하지만 시간이 흐르면서 물가가 치솟고 돈의 가치가 떨어질 거야. 왜냐고? 잘 생각해 봐. 한국은행이 돈을 많이 찍어 내면 모든 사람들이 예전보다 몇 배 더 많은 돈을 가지게 돼. 돈이 많아졌으니 예전보다 쌀도, 달걀도, 장난감도 더 많이 사려고 하겠지. 하지만 사람들이 만들어 내는 물건의 양은 예전과 똑같아서 결국 물건이

모자라고 차츰 예전의 가격으로는 살 수 없게 돼. 물건을 꼭 사고 싶은 사람은 가격을 더 높여 줄 테니 자기에게 팔라고 할 테고. 이는 물건의 가격을 점점 올리는 셈이야. 앞에서 이야기한 1920년대 독일을 떠올려 봐.

이처럼 우리 사회에 돈이 많아진다고 해서 모두 부자가 되는 건 아니야.

> **진짜 잘살려면 모두 열심히 일해서
> 더 많은 물건을 생산하고, 이를 소비하고
> 즐기는 일이 아주 많아져야 해.**

만약 돈이 나라를 부자로 만들어 준다면 지구상에 가난한 나라는 존재하지 않을 거야. 정부가 돈만 많이 찍어 내면 그만이니까. 하지만 지난 역사를 보면 돈을 많이 발행해서 잘살게 된 나라는 하나도 없어. 대표적인 나라가 베네수엘라와 아르헨티나야. 두 나라는 천연자원이 풍부하지만 세계에서 가장 가난한 나라로 꼽혀. 정부가 돈을 마구 찍어서 국민에게 나누어 주었거든. 이런 이유로 한국은행은 돈이 적절히 발행되도록 조정하고 있단다.

 개인의 입장에서 보면 돈이 많은 게 좋지만, 사회 전체적으로는 좋지 않구나. 무엇보다 돈은 열심히 일해서 떳떳하게 벌어야 하는 거고.

 우워~, 생각보다 이해가 빠르네? 그렇다면….

이런 것도 돈이야

물품 화폐

앞에서 설명한 것처럼 인류가 처음 사용한 돈은 물품이었어. 그러나 아무거나 다 돈으로 사용한 건 아니었어. 변하거나 상하지 않고(내구성), 가지고 다니기 쉽고(휴대성), 쪼개서 쓸 수 있는(분할성) 물품만 화폐로 쓰였지.

특히 내구성이 제일 중요했어. 며칠, 몇 달 뒤에도 변하지 않고 똑같이 유지되어야 나중에 필요한 물건을 구입할 때 돈으로 쓸 수 있으니까. 또 거래를 위해 돈을 들고 멀리 가는 경우도 많아서 휴대하기 어려운 물품은 돈으로 쓰기 어려웠어. 그리고 큰 거래 외에 작은 거래를 할 때는 쉽게 쪼개지는 물건이어야 셈을 치루기 쉬웠지. 먼 옛날, 우리나라에서는 오랫동안 쌀이 돈으로 사용되었어. 쌀은 오래 보관해도 상하지 않았고 가지고 다니기 쉬웠으며 한 되, 한 말, 한 가마 등으로 쪼갤 수 있었거든.

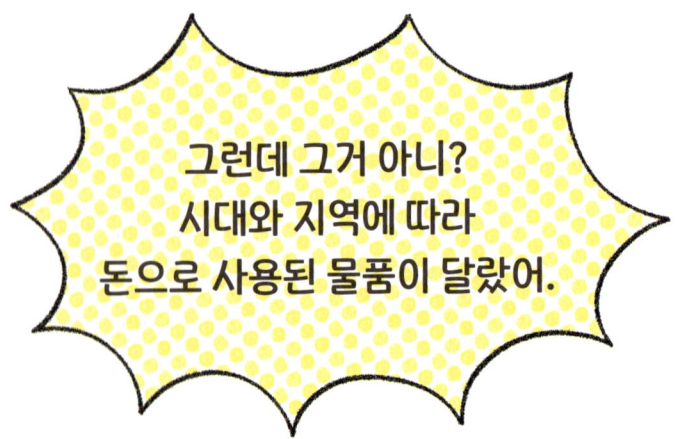

그런데 그거 아니?
시대와 지역에 따라
돈으로 사용된 물품이 달랐어.

추운 지역에서 사냥을 하며 살았던 구석기 시대 사람들은 <u>동물의 털과 가죽</u>을 돈으로 사용했어. 추운 날씨를 견디려면 동물의 털과 가죽이 꼭 필요했고, 고기에 비해 쉽게 상하지 않았기 때문에 모든 거래에서 받아 주었던 거지. 이외에도 지역에 따라

조개껍데기, 곡물, 담배, 소금 등 많은 물품들이 돈으로 사용된 흔적이 남아 있어.

금속 화폐

물품 화폐 이후에는 금은 같은 금속이 돈으로 사용되었어. 내구성, 휴대성, 분할성이 뛰어났기 때문이지. 게다가 금은으로 반지, 목걸이 같은 장신구를 만들어 몸에 지닐 수 있어서 사람들이 다 좋아했어. 이런 이유로 금은은 누구에게나 쉽게 받아들여졌고 자연스레 돈으로 사용되었지.

주화

그다음에 나온 돈의 형태는 주화였어. 주화는 금속 화폐가 진화된 거란다. 금속을 녹여 일정한 모양이나 크기로 만든 것이지. 금을 녹여서 만든 금화, 은을 녹여서 만든 은화, 동을 녹여서 만든 동전을 쓰게 된 이유는, 금은의 무게를 달고 순도*를 평가

*순도 : 어떤 물질에서 주요 성분이 차지하는 비율

하는 것이 불편했기 때문이야. 그래서 무게와 순도를 표면에 새긴 일정한 크기와 모양의 주화를 사용하게 된 거란다.

지폐

주화 다음에 등장한 돈이 바로 종이로 만든 지폐야. 경제가 발전하고 주화를 사용하는 일이 많아지자, 주화를 보관하고 운반하는 데 비용이 꽤 많이 들었어. 그래서 돈을 많이 거래하는 상인이나 부자들은 금화와 은화를 안전하게 보관하기 위해 금속 세공사에게 보관료를 내고 맡겼어. 금속 세공사는 보관증을 발행해 주었지. 그리고 점차 시간이 지나면서 거래할 때 금화나 은화를 직접 건네는 대신 이 보관증을 사용하면 훨씬 편리하다는 것을 깨달았어. 결국 **보관증이 주화를 제치고 돈으로 사용**되기 시작했지. 이 보관증이 계속 발전하여 오늘날의 지폐가 된 거야.

전자 지불 수단

컴퓨터가 개발되고 인터넷이 확산되면서 전자 지불 수단이 발달했어. 전자 지불 수단은 지폐처럼 만질 수 있는 것이 아니라,

컴퓨터를 사용해 계산하고 전송되는 거야. 대표적인 예가 바로 <u>신용 카드</u>란다. 신용 카드를 사용하면 그 금액만큼 카드 회사에서 돈을 내 주고, 나중에 나의 통장에서 그 돈을 가져가는 방식이지. 전자 지불 수단은 지폐보다 훨씬 편리해. 현금을 직접 가지고 다닐 필요가 없으니까. 돈을 찾으러 은행에 가는 시간과 교통비 등을 절약할 수 있고 돈을 지불하는 것도 아주 간편해서 전자 지불 수단은 지난 수십 년 동안

신용 카드를 사용하면 직접 돈을 내지 않으니 물건이 공짜로 생기는 것처럼 느껴져. 하지만 보통은 한 달 뒤에 꼭 갚아야 해. 그러니까 빚을 지고 외상으로 물건을 사는 셈이야. 게다가 정해진 날짜에 돈을 내지 못하면 이자가 추가되어 더 많은 돈을 내야 해. 그마저 갚지 못하면 신용 카드를 더 이상 사용할 수 없지. 준성이는 아직 돈을 버는 경제 능력이 없기 때문에 신용 카드를 갖지 못해. 하지만 이다음에 어른이 되어 신용이 생기면 신용 카드를 만들어 사용할 수 있단다.

지폐 대신 확고한 자리를 차지하고 있지.

그런데 우리는 전자 지불 수단을 돈이라고 하지 않아. 신용 카드로 물건을 손쉽게 살 수 있다 보니 이를 돈으로 생각하는 사람들이 많은데, 실제로 신용 카드는 <u>돈을 넘겨주는 방법</u>이야. 돈의 정의를 다시 한번 생각해 봐. 돈은 물건을 교환할 때 누구나 받아 주는 물품이라고 했지? 물품은 그 사람의 자산이며, 거래를 할 때 이 자산이 누구에게나 쉽게 받아들여진다면 돈이 되는 것이지.

> 그래서 돈이 될 수 있는 첫 번째 조건은 '자산'이어야 해. 하지만 신용 카드는 자산이 아니라 그 자산을 남에게 넘겨주는 '지불 방법'일 뿐이란다.

아! 전자 지불 수단 중에서 돈이 되는 것이 있긴 해. 바로 <u>전자 화폐</u>야. 가장 쉬운 예가 충전해서 쓰는 교통 카드지. 그 안에는 현금이 들어 있잖아? 버스나 지하철을 탈 때마다 저장되어 있던 금액이 빠져나가지. 기프트 카드도 교통 카드처럼 전자 화폐란다. 이렇게 플라스틱 카드에 현금이 담긴 디지털 화폐를 '스마트카드형 전자 화폐'라고 해.

암호 화폐

최근에는 암호 화폐도 등장했어. 대표적인 것이 바로 비트코인이야. 비트코인은 2008년 한 프로그래머가 개발했다고 해. 비트코인은 디지털이라는 점에서는 전자 화폐와 같지만, 정부나 은행의 통제 없이 개인들이 직접 자유롭게 송금할 수 있는 화폐란다. 이것이 가능한 이유는 블록체인이라는 기술 때문이야. '블록(block)'을 잇따라 '연결(chain)'한 모음을 가리키는데, 여기서 '블록'은 거래 내역이 기록되는 일종의 장부야. 그 블록들이 체인처럼 연결되어 있다는 것이지. 말이 좀 어렵지? 이해하기 쉽게 간단한 예를 들어 볼게.

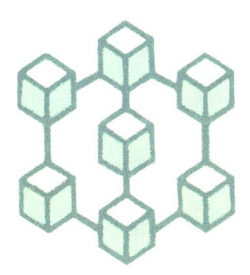

준성이 네가 인터넷 뱅킹으로 성주에게 1만

원을 보내려면 먼저 은행 사이트에 로그인하고, 성주의 계좌 정보를 입력한 후 공인 인증서 비밀번호를 입력해야 해. 그러면 비로소 준성이 통장에서 1만 원이 빠져나가고 성주의 통장에 1만 원이 더해져. 이 거래는 은행에서 이루어지고 모든 기록이 은행에 저장돼. 그래서 이 거래의 밑바탕에는 은행에 대한 신뢰가 꼭 필요하단다.

  그런데 준성이 너랑 성주가 모두 비트코인 네트워크에 가입되어 있다고 가정해 볼까? 만약에 준성이가 성주한테 물건을 산 뒤 1비트코인을 준다면, '준성이가 성주에게 1비트코인을 보낸다'는 거래 정보가 생겨나. 이 정보는 두 사람만 아는 것이 아니라, 비트코인 네트워크에도 전송되어 네트워크에 참여한 모든

사람들의 블록(장부)에 영원히 기록돼. 이렇게 블록체인에서는 은행 같은 중재자 없이 네트워크 안의 참여자들끼리 자유롭게 거래할 수 있어.

현재 비트코인은 전 세계적으로 확산되어 가게, 식당, 병원 같은 많은 장소에서 돈으로 받고 있어. 심지어 베네수엘라에서는 정부에서 발행한 화폐보다 더 신뢰한다고 해. 비트코인 이후 블록체인을 이용한 암호 화폐는 무려 2,000종이나 생겨났단다.

 돈은 이렇게 새로운 디지털 기술과 만나 사람들이 사용하기 편리한 형태로 계속 변해 왔어. 정말 흥미롭지 않니?

 드르렁! 푸르륵!

나도 풍선껌 살까?

돈을 잘 쓰는 방법

우선순위 정하기

아마 많은 친구들이 준성이 너처럼 이것도 먹고 싶고, 저것도 사고 싶고 그럴 거야. 하지만 용돈이 정해져 있어서 원하는 것을 모두 사기 어렵지. 그래서 우선순위를 정하고 정말 필요한 것만 구매하는 습관을 길러야 해.

<u>우선순위에 맞게 지출하는 것</u>, 이것이 바로 돈을 잘 쓰는 첫

번째 방법이란다. 우선순위는 당장 필요한 것, 며칠 후에 필요한 것, 한참 후에 필요한 것이 무엇인지 따져서 정하면 돼. 혹은 가장 원하는 것이 무엇인지 생각해도 좋고. 그리고 사려는 물건이 얼마나 쓸모가 있는지(실용성), 내가 간절히 원하는 것인지(만족도), 나에게 의미가 있는지(가치)도 따져야 하지. 그렇게 해서 꼭 사야 할 만큼 중요한 물건이라는 결론을 내렸다면, 쓸 돈을 미리 챙겨 놓아야 해.

충동구매 멀리하기

돈을 잘 쓰는 두 번째 방법은 <u>충동구매를 꾹 참는 거야.</u> 충동구매는 깊이 고민하지 않고 그때그때 기분에 따라 즉흥적으로 물건을 사는 것을 말해. 친구가 유행하는 신발을 신은 것을 보고, 텔레비전에서 좋아하는 연예인이 광고하는 것을 보고 혹해서 물건을 산 경험이 있을 거야. 하지만 나에게 딱히 필요하지 않은 물건을 충동구매하면 괜히 샀다는 후회가 들지. 따라서 필요한 물건이 생길 때마다 적어 놓았다가 내가 가진 용돈 안에서 구입하는 습관을 들이는 것이 매우 중요해. '필요하지 않은데 바라는 것'을 사면 정작 꼭 사야 할 물건은 사지 못하는 곤란한

상황에 빠질 수 있거든.

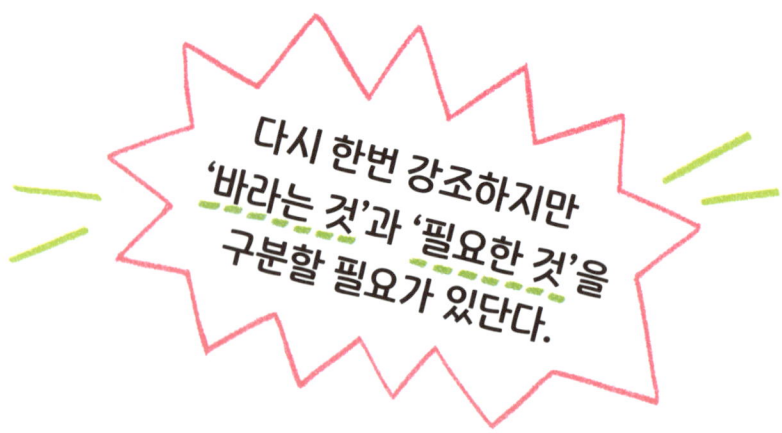

다시 한번 강조하지만 '바라는 것'과 '필요한 것'을 구분할 필요가 있단다.

소중한 용돈 아껴 쓰기

세 번째 방법은 미래를 위해 <u>용돈의 일부를 저축</u>하는 거야. 만약 5만 원이 있다면 1만 원은 저금하고 4만 원만 가지고 지출 계획을 세워 봐. 받은 용돈을 다 쓰려는 생각은 바람직하지 않아.

준성이 너는 아직 어려서 돈을 벌 수 없기 때문에 부모님께서 용돈을 주시는 거란다. 용돈은 많든 적든 부모님이 힘들게 일해서 버신 돈이야. 그러니 용돈이 적다고 투덜대기보다는 지출 계획을 잘 짜서 꼭 필요한 곳에만 쓰고, 무엇보다 아껴 쓰려고 노력하는 것이 중요해.

충동구매를 줄이는 용돈 꼬리표

충동구매를 피하는 방법을 알려 줄까? 바로 용돈에 '꼬리표'를 달아 놓는 거야. 예를 들어, 꼭 갖고 싶은 게임 아이템이 있다면 이달의 용돈 중 만 원짜리 지폐에 '1만 원=게임'이라고 꼬리표를 달아 놓는 거야. 그러면 불필요한 지출 유혹을 이겨 낼 수 있어. 만약 게임 아이템이 3만 원이라면 우선 이달에는 1만 원에 꼬리표를 달아 놓고, 다음 달 용돈에서도 1만 원에 꼬리표를 달아 놓고 기다리는 거지. 그러면 그다음 달 용돈을 받았을 때 꼬리표 달아 놓았던 돈을 합해 게임 아이템을 살 수 있어. 세 달이나 걸려 게임 아이템을 갖게 되면 정말 소중하게 느껴질 거야. 아니면 반대로 꼬박꼬박 모은 나의 3만 원이 너무 소중해서 게임 아이템을 갖고 싶지 않을 수도 있어. 한번 실천해 봐!

돈이 쌓이는 마법 노트

그래, 인정. 풍선껌은 문구점에서 성주를 안 만났으면 아마 안 샀을 거야.

솔직하게 인정하다니 멋지네. 그럼 내가 용돈을 잘 쓸 수 있는 법을 하나 더 알려 줄게.

체계적인 용돈 관리의 시작

용돈 지출을 잘 계획하고 아껴 쓸 수 있는 방법 중 하나가 바로 <u>용돈 기입장</u>을 쓰는 거야. 용돈을 언제, 어디에, 얼마만큼 썼는지 날짜별로 기록해 두면 돈이 들어오고 나간 것을 쉽게 알 수 있어. 또 평소 나의 씀씀이를 파악할 수 있어서 낭비를 줄일 수 있지. 그래서 용돈 기입장을 쓰는 습관을 들이면 계획적인 소비 생활을 하는 데 큰 도움이 돼.

그리고 어릴 때부터 용돈을 관리하는 습관을 키우면 나중에 어른이 되었을 때 똑똑하고 합리적으로 소비할 수 있어. '세살 버릇이 여든까지 간다'는 속담도 있잖아? 물론 처음에는 좀 힘들 거야. 하지만 인내심을 가지고 노력하면 용돈 기입장 쓰는 것이 몸에 배어 용돈을 체계적으로 관리할 수 있단다. 자, 그럼 용돈 기입장을 어떻게 쓰는지 자세히 알려 줄게.

용돈 기입장 작성법

용돈 기입장은 문구점에서 파는 것을 사용해도 되고 다음 쪽에 나오는 예시처럼 직접 노트에 그려서 써도 돼. 용돈 기입장은 세 단계로 쓰면 좋아.

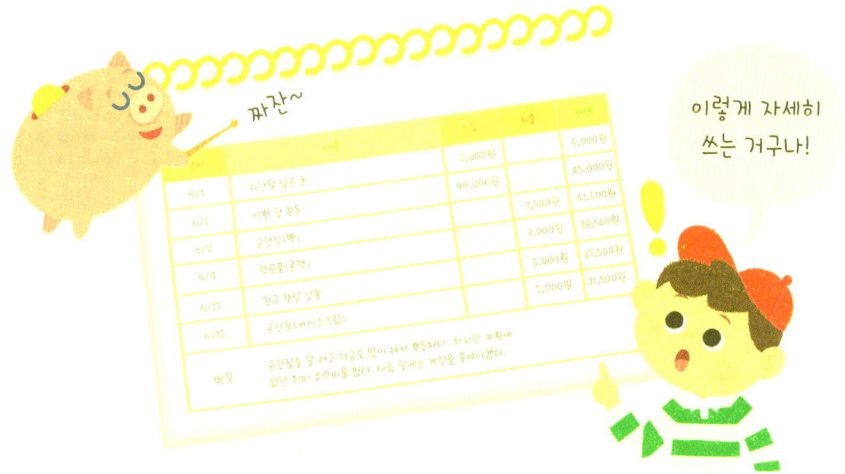

1 용돈을 받은 날, 예산서(계획서)를 작성해. 예산서는 현재 가진 돈이 얼마이며 어디에 쓸지를 예상해 보는 거야. 수입란에는 지난달까지 쓰고 남은 돈과 이번 달 용돈을 적고, 기타 항목을 만들어 생일이나 세뱃돈처럼 예상되는 용돈도 함께 기록해. 그리고 지출란에는 한 달 동안 쓸 것으로 예상되는 돈을 적는 거지. 예를 들면 학용품비, 친구 생일 선물비, 군것질, 취미 오락비, 저축 등으로 나누면 돼.

예산서

구분	내용	금액
수입(들어온 돈)	지난달 남은 돈	5,000원
	이번 달 용돈	40,000원
	생일 용돈(고모)	30,000원
	합계	75,000원
지출(쓴 돈)	학용품	9,000원
	친구 생일 선물	5,000원
	군것질	12,000원
	취미 오락비	9,000원
	저축	40,000원
	합계	75,000원

2 그다음 기입장에 돈이 들어오고 나간 내용을 날짜별로 작성해. 이때 각 항목의 잔액을 적어 놓으면 편리하지. 현재 용돈이 얼마나 남았는지 한눈에 알 수 있으니까.

기입장

날짜	내용	수입	지출	잔액
6/1	지난달 남은 돈	5,000원		5,000원
6/1	이번 달 용돈	40,000원		45,000원
6/2	군것질(빵)		3,500원	41,500원
6/4	학용품(공책)		3,000원	38,500원
6/12	친구 생일 선물		5,000원	33,500원
6/15	군것질(아이스크림)		2,000원	31,500원
6/20	취미 오락비(게임)		10,000원	21,500원
6/21	생일 용돈(고모)	30,000원		51,500원
6/24	학용품(볼펜, 지우개 등)		2,000원	49,500원
6/25	저축		40,000원	9,500원
6/27	군것질(과자)		3,000원	6,500원
6/30	취미 오락비(스티커)		2,000원	4,500원

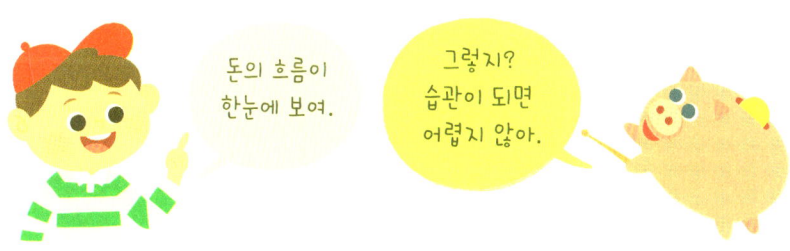

돈의 흐름이 한눈에 보여.

그렇지? 습관이 되면 어렵지 않아.

3 마지막으로 결산서를 작성해. 한 달 동안 용돈을 어떻게 썼는지 확인하고 처음에 작성했던 예산서와 비교해 보는 거지. 그리고 다음 달 예산서를 작성할 때 참고할 내용도 적어 두면 좋아.

이렇게 한 달 동안 쓴 용돈에 대해 스스로 평가하면 돈을 허투루 쓰는 일이 점점 줄어들 거야. 자연히 돈이 쌓이고 그 돈은 나중에 더 나은 곳에 쓸 수 있어.

결산서

구분	내용	금액
수입(들어온 돈)	지난달 남은 돈	5,000원
	이번 달 용돈	40,000원
	생일 용돈(고모)	30,000원
	합계	75,000원
지출(쓴 돈)	학용품	5,000원
	친구 생일 선물	5,000원
	군것질	8,500원
	취미 오락비	12,000원
	저축	40,000원
	합계	70,500원
남은 돈		4,500원
메모	군것질을 덜 하고 저금도 많이 해서 뿌듯하다. 하지만 계획에 없던 취미 오락비를 썼다. 다음 달에는 게임을 줄여야겠다.	

여러분도 용돈 기입장을 써 보세요. 습관이 되면 어렵지 않아요!

구분	내용	금액
수입 (들어온 돈)		
	합계	
지출 (쓴 돈)		
	합계	
남은 돈		
메모		

아래의 보기 가운데 내용이 틀린 것을 고른 뒤 바르게 고치세요.

1 돈은 어떤 물건이 얼마만큼의 가치가 있는지 비교하는 기준이 돼요.

2 돈이 동전이나 종이에 적힌 숫자만큼 가치를 지니는 이유는 사람들이 모두 동의하고 그 가치를 믿기 때문이에요.

3 용돈 기입장을 쓰면 돈을 어떻게 사용했고 얼마나 남았는지 한눈에 알 수 있어요.

4 인류가 화폐로 사용한 물품은 모든 사람들이 탐내는, 크고 무게가 많이 나가는 보석이었어요.

정답 4 크고 무거운 물품보다 가지고 다니기 쉽고 보관이 편해야 했어요. 나르기 쉬운 물품을 배에 담고 들기 편한 크기로 잘라서 썼기 때문이에요.

한 번 더! 알쏭달쏭 개념 다지기

돈
사람들이 물건이나 서비스를 사고파는 거래를 편하게 해 주는 수단이며, 재산을 나타내는 표시예요.

자산
경제적으로 가치가 있는 모든 형태의 재산을 말해요.

유동성
현금으로 바꿀 수 있는 속도를 뜻해요. 속도가 빠른 자산도 있고 느린 자산도 있어요. 자산마다 유동성에 차이가 있는 것이죠.

충동구매
물건이 필요하지 않고 살 마음도 없었는데, 구경하거나 광고를 보다가 갑자기 사고 싶어져서 구매하는 것을 의미해요.

우선순위
여러 가지 선택지가 있을 때 필요성·중요성·긴급성 등을 따져 가장 먼저 선택하는 순서를 말해요.

물물 교환
물건과 물건을 직접 바꾸는 것을 말해요. 돈이 만들어지기 전 교환의 가장 원시적 형태예요.

물품 화폐
물물 교환의 불편함을 느낀 사람들이 조개껍데기, 소금, 곡식, 옷감 등을 화폐처럼 사용하기 시작했어요. 이런 것들을 '물품 화폐'라고 불러요.

주화
금속을 녹여 일정한 무게와 모양으로 만든 화폐예요.

금속 화폐
금, 은, 청동, 철 같은 금속들로 만든 돈이에요. 금속 화폐는 일정한 모양이 없어서 관리하기가 어려웠어요.

전자 화폐
플라스틱 카드에 전자 칩을 넣어서 사용하는 IC형과 인터넷으로 돈을 거래하는 네트워크형이 있어요.

암호 화폐
실물 화폐가 아닌 가상 공간에서 사용하는 화폐를 말해요.

누구나 돈이
많기를 바라지

돈을 모으는
기본, 저축

돈을 모았다면
투자도 해 봐

내가 직접
돈을 벌 수도
있어

차곡차곡 쌓이는 돈

# 생일 선물이 마음에 안 들어

경제적 여유의 중요성

그래, 돈 좋지! 돈이 많으면 그만큼 선택할 수 있는 것이 많고, 원하는 삶을 살 수 있으니까. 경제적으로 여유가 있으면 굳이 돈을 벌지 않아도 되니 직장도 그만둘 수 있겠지. 또 지금 사는 집이 마음에 안 들면 다른 곳으로 이사도 갈 수 있어. 유명한 음악가를 고용해 피아노를 배울 수 있고, 언제든 세계 여행도

획 떠날 수 있지. 이것이 바로 돈이 가진 힘이란다.

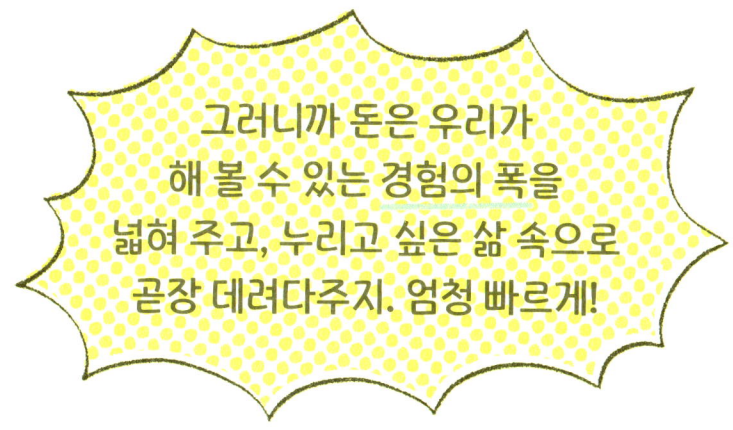

그러니까 돈은 우리가
해 볼 수 있는 경험의 폭을
넓혀 주고, 누리고 싶은 삶 속으로
곧장 데려다주지. 엄청 빠르게!

그런데 아마 대부분의 사람들은 생활하는 데 꼭 필요한 돈이 넉넉치 않을 거야. 그래서 생계를 위해 어쩔 수 없이 회사에 출근하고 아르바이트를 하지. 자신의 시간과 노력을 돈을 버는 일에 고스란히 쓰는 셈이야.

반면 돈이 많아서 경제적으로 여유로운 사람들은 그럴 필요가 전혀 없겠지? 그래서 자신이 원하는 삶, 자신이 원하는 행복을 얻는 데에 온전히 시간을 써. 그리고 돈을 위해 억지로 일하는 것이 아니라 자신을 발전시킬 수 있는 일을 찾아서 열심히 노력하지.

이렇게 돈으로부터 해방되어 살아가는 삶이 진정한 '경제적 여유'란다. 이들이 바로 돈에 전혀 얽매이지 않는 진짜 부자인 셈이지.

돈의 순기능

무엇보다 돈이 많으면 불행을 줄일 수도 있어. 인생은 항상 좋은 일만 있지 않아. 언제든 나쁜 일이 일어날 수 있지. 꼭 변덕스런 날씨 같단다. 그런데 돈이 많으면 불행한 일로부터 쉽게 벗어날 확률이 높아. 교통사고로 다리가 부러져서 수술비가 1천만 원이 나왔다 해도, 병원비를 거뜬히 낼 수 있어. 이후 살아가는 데에도 별 어려움이 없지. 그런데 그런 큰돈이 없으면 많은 어려움을 겪게 될 거야.

그리고 돈이 많으면 내 삶이 풍요로울 뿐 아니라 나보다 어려운 다른 사람들에게 도움도 줄 수 있어. 실제로 많은 부자들이 자신을 위해서만 돈을 쓰지 않아. 주변의 다른 사람들을 위해 좋은 일을 많이 한단다. 가난한 아이들이 교육받을 수 있게 장학금을 주기도 하고, 가난한 예술가들이 먹고살 걱정 없이 작품 활동을 할 수 있도록 지원하기도 해. 불공평하거나 부당한 일을

당한 사람들이 다시 일어설 수 있도록 돕는 사회 단체에 선뜻 기부를 하기도 하지. 이렇게 돈이 많으면 넉넉한 마음으로 주변 사람들을 도울 수 있어. 그럼 나도 그들과 함께 행복한 기분을 느낄 수 있단다.

 맞아. 나도 돈이 많으면 어려운 사람들을 도와줄 거야.
그 전에 하루 종일 뒹굴거리며 게임부터 좀 하고. 크크.

 으이구! 내가 그렇게 열심히 설명했는데!

돈을 모으는 기본, 저축

저축을 해야 하는 이유

부자들은 어떤 모습일 것 같아? 영화나 드라마에 나오는 부자처럼 매일 값비싼 것만 먹고, 전용기를 타고 세계 여행을 다니며 편안히 쉬기만 할까? 물론 그런 사람들도 있겠지. 하지만 검소하게 생활하는 부자들이 훨씬 많아. 그런데 정말 중요한 사실이 뭔지 알아? 부자들은 돈을 잘 저축하는 사람들이라는 거야.

즉, 부자가 되고 싶다면 먼저 저축을 해서 돈을 모아야 한다는 걸 꼭 기억하렴. 무엇보다 저축을 하면 좋은 점이 많아. 들어볼래?

미래에 내가 돈이 필요할 때 꺼내 쓸 수 있어.

돈이 차곡차곡 모이면 보람을 느낄 수 있어.

저축하는 습관을 기를 수 있어.

충동적으로 돈을 쓰는 것을 막을 수 있어.

급히 돈이 필요할 때 큰 도움이 돼.

그리고 저축은 생각보다 쉬워. <u>번 돈보다 적게 쓰면 돼.</u>

 저축이 쉽다고? 돈이 있으면 자꾸 쓰고 싶어지는데?

 며칠 전에 내가 얘기했는데 기억나? 돈을 쓰기 전에 먼저 '필요한 것'과 '바라는 것'을 구별해 봐.

나한테 정말 '필요한 것'은 음식, 물, 옷, 집처럼 가장 기본적인 거야. '바라는 것'은 딱히 필요하지 않지만 갖고 싶은 것들이지. 우리 기분을 좋게 하거나 생활을 편리하게 하거나 멋있어 보이게 하는 것들 말이야. 이렇게 '필요한 것'과 '바라는 것'을 구별할 수 있으면 돈을 저축하는 일이 훨씬 쉬워.

이제부터 스스로에게 자주 물어보렴. '이게 필요한가? 꼭 사야 하나?' 만약 '아니.' '글쎄.'라는 대답이 나온다면 절대 돈을 쓰지 마. 그래야 돈을 모을 수 있단다.

은행에 저금하면 좋은 점

그런데 저축한다고 돈을 옷장 깊은 곳에 넣어 두는 건 좋은 방법이 아니야. 돈이 자라지 않기 때문이지. 옷장 속 100만 원은 1년이 지나도 100만 원, 10년이 지나도 100만 원이거든. 그동안 물가라도 오르면 돈의 실제 가치는 더 떨어져. 돈의 실제 가치가 떨어진다는 말은 100만 원으로 살 수 있는 물건의 양이 줄어든다는 뜻이야. 처음엔 100만 원으로 쌀 10포대를 살 수 있었는데 10년 후에 쌀값이 두 배로 오른다면 이제는 100만 원으로 5포대만 살 수 있단다.

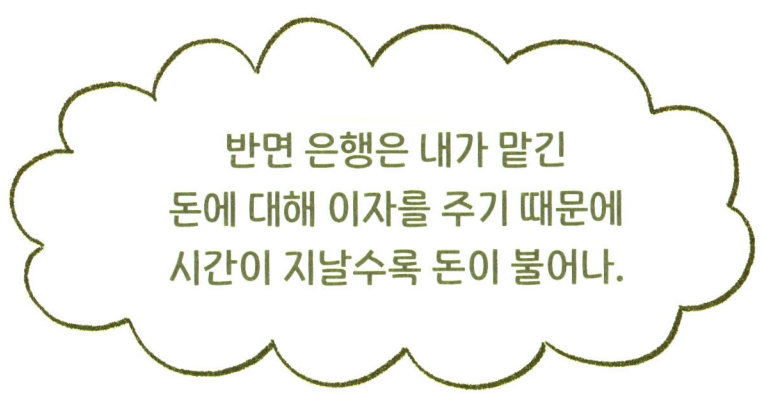

반면 은행은 내가 맡긴
돈에 대해 이자를 주기 때문에
시간이 지날수록 돈이 불어나.

무엇보다 돈을 집에 놔두면 자꾸 쓰고 싶은 생각이 들어. 그래서 옷장 속 말고 은행에 맡기는 것이 돈을 모으는 데 훨씬 유리해.

> 은행이 어떤 역할을 하는지 알고 있니? 은행은 사람들이 돈을 맡기면(예금) 그 돈이 필요한 사람들에게 알맞게 빌려주는 사업을 해. 이를 '대출'이라고 부른단다.

 준성이 너는 부모님에게 용돈을 받고 있어서 은행에 저금할 만큼 큰돈이 없을 거야. 그럼 우선 나 같은 작은 돼지 저금통에 조금씩 모았다가 조금 더 큰돈이 되면 은행에 저금하는 거지.

 자, 그럼 우리가 은행에 저금해야 하는 이유를 다시 한번 정리해 줄게.

 첫째, 은행은 돈을 맡길 수 있는 **안정한 장소**이기 때문이야. 돼지 저금통보다도 훨씬! 설령 은행이 망한다고 해도 5천만 원까지는 정부가 대신 갚아 주는 보험 제도가 있어. 그러니 은행에 돈을 맡기는 것은 정말 안전하단다.

 둘째, 은행은 맡긴 돈에 대해 **이자**를 지급해. 사람들이 은행에 예금을 하면 은행은 이 돈을 정해 놓은 규칙에 따라 쓸 수가 있어. 그러니까 돈이 필요한 사람이나 기업에게 빌려주는 거지.

> 이처럼 은행은 우리 돈을 자유롭게
> 사용하는 대신 우리에게 그 값을 내야 해.
> 그게 바로 은행이 우리에게 주는 이자란다.

예금과 적금

그런데 은행에 돈을 맡기는 방법은 여러 가지야. 보통 예금과 적금, 두 가지를 많이 이용해. 예금은 사람들이 돈을 맡기는 행위를 가리키는데, 크게 보통 예금과 정기 예금으로 나뉘지.

보통 예금은 돈을 넣었다 빼는 것이 자유로워. 언제든지 돈이 생기면 저금하고 필요할 때 바로 찾아 쓸 수 있어. 이렇게 아무 때나 돈을 넣고 뺄 수 있어서 대신 이자는 조금밖에 안 줘. 그 이유는 조금 있다가 자세히 설명해 줄게.

정기 예금은 돈을 맡기면서 찾아갈 때를 정해 놓는 예금이야. 100만 원을 은행에 넣어 놓고, 1년 동안은 중간에 찾지 않기로 약속하는 거지. 그러면 1년 후에 저금한 돈 100만 원과 이자를 같이 받아. 정기 예금은 돈을 오랫동안 은행에 맡겨 놓는 것이어서 보통 예금보다 이자를 더 많이 줘. 그래서 돈을 모으려면 보통 예금보다는 정기 예금을 이용하는 것이 좋아.

적금은 은행에 매달 혹은 매주 저금했다가 처음 정해 놓은 시간이 되었을 때 찾는 거야. 매월 1만 원이나 10만 원씩 꼬박꼬박 넣어서 목돈을 만드는 방법이지. 예를 들어 한 달에 20만원씩 5년 동안 모으기로 했다면 5년이 지났을 때 큰돈이 되겠지? 은행에 꼬박꼬박 넣은 돈만 해도 1,200만 원이나 되니까. 물론 은행이 이자를 계속 넣어 줘서 실제로는 1,200만 원보다 더 많은 돈을 갖게 된단다. 아마 많은 부모님들이 적금으로 저축을 하고 계실 거야. 왜냐하면 자녀가 대학을 가거나 결혼할 때 많은 돈이 필요하거든. 미리미리 저축해서 준비하는 거지.

참, 적금에도 정기 적금과 자유 적금이 있어. **정기 적금**은 정해진 시간 동안 정해진 금액을 매월 적립하고 끝날 때 약속했던 금액을 받는 거야. **자유 적금**은 매월 원하는 액수를 자유롭게 저금하는 것이고. 그러니까 준성이 너도 자유 적금은 지금부터라도 충분히 해 볼 수 있어.

 흠, 아빠가 왜 적금 통장을 만들어 주셨는지 알겠다.

 그럼! 다 준성이 너의 미래를 위한 거라고.

정기 예금과 정기 적금의 이자가 다르다고?

정기 예금과 정기 적금은 얼마의 시간 동안 은행에 돈을 맡긴다는 점은 같아. 하지만 처음부터 큰돈을 넣어 두느냐 아니면 돈을 계속 쌓아 가느냐 하는 점이 달라. 무엇보다 이자에서 큰 차이가 난단다. 예를 들어 볼까? 1년에 1,200만 원을 저축한 두 사람이 있어. A는 100만 원씩 정기 적금을 넣었고 B는 1,200만 원을 정기 예금에 넣었어. 두 사람이 은행에 맡긴 액수는 똑같이 1,200만 원이지만 이자가 많이 다르단다. 왜 그럴까? 정기 예금은 처음에 맡긴 금액이 1,200만원이니까 1,200만원에 대한 이자를 맡긴 날부터 지급해. 그런데 정기 적금은 첫 달에 맡긴 돈 100만 원에 대한 이자만 주겠지. 두 번째 달은 200만 원에 대한 이자를, 세 번째 달은 300만 원에 대한 이자를 주고. 이자가 왜 다른지 이해가 되지?

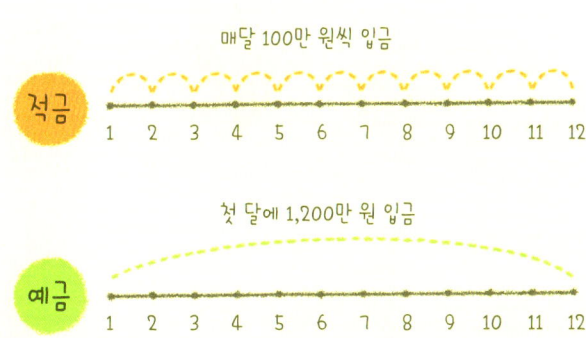

이자와 금리

어떤 사람들은 이자를 '돈의 가격'이라고 하기도 해. 그러나 그건 틀린 말이야. 이자를 정확히 이해하려면 먼저 이자가 왜 생기는지 그 이유를 아는 것이 중요하단다.

이자가 생기는 가장 근본적인 이유는 우리가 시간의 흐름 속에서 살고 있기 때문이야. 우리는 오늘만 사는 것이 아니라 내일도 한 달 후에도 1년 후에도 계속 살아갈 거야.

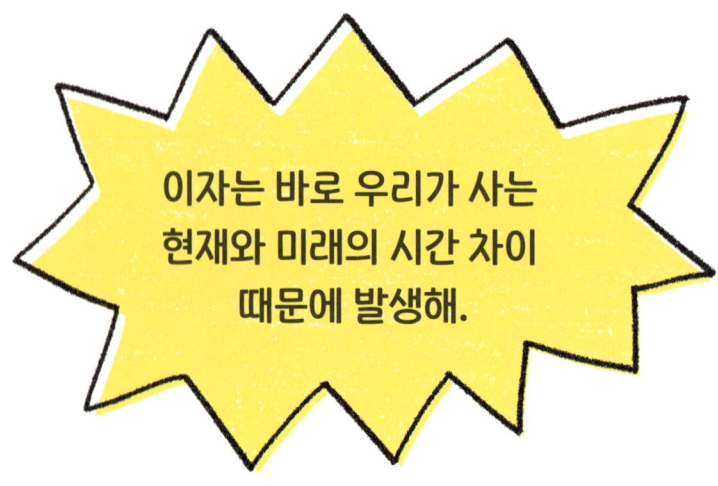

이해하기 좀 어렵지? 예를 들어 설명해 볼게.

내가 준성이 너한테 아이스크림 1개를 줄 거야. 그런데 오늘 먹을지 아니면 일주일 뒤에 먹을지 선택하라고 하면 어떻게 할

래? 아마 많은 친구들이 오늘, 지금 당장 먹겠다고 할 거야.

그럼 다시 질문할게. 내가 너에게 100만 원을 주려고 해. 그런데 지금 바로 받을 것인지, 1년 후에 받을 것인지 고민해 봐. 어떡할래? 이번에도 많은 친구들이 지금 당장 100만 원을 받겠다고 하겠지.

이처럼 물건이든 돈이든 그 가치가 똑같다면 나중보다는 지금 당장 갖기를 바랄 거야. 그래서 사람들이 지금이 아닌 나중을 선택하게 하려면 물건의 양이 더 많거나 돈의 금액이 더 커야 해.

자, 이제 다시 선택해 볼까? 아이스크림을 지금 당장 먹으면 1개, 일주일 뒤에 먹으면 2개를 줄게. 어때, 마음이 바뀌었니? 마찬가지로 지금 100만 원을 받는 것과 1년 후 110만 원을 받는 것 중 선택할 수 있다면 조금은 고민이 될 거야.

혹시 110만 원을 선택한 친구가 있다면, 그건 현재의 100만 원을 1년 후의 110만 원과 맞바꾼 셈이야. 1년 후의 110만 원이 현재의 100만 원보다 더 이익이라고 생각한 것이지. 여기서 10만 원의 차이가 바로 이자야. 미래와 현재의 차이가 바로 **이자**인 셈이란다.

이 이자가 사람들이 돈을 빌려주고 빌리는 거래를 하게 만들

어. 어떤 사람이 나에게 1년 후에 100만 원을 고스란히 돌려줄 테니 오늘 100만 원을 빌려달라고 한다면 어떨 것 같아? 아마 쉽게 내주기 어려울 거야. 그런데 1년 후에 110만 원 줄 테니 오늘 100만 원을 빌려 달라고 한다면? 맞아. 조금은 마음이 움직일걸?

그리고 이 거래가 이루어지면 돈을 빌리는 사람도, 빌려주는 사람도 이익을 봐. 당장 쓸 곳이 없어서 그냥 가지고 있었다면 100만 원은 내년에도 똑같은 100만 원이겠지만 다른 사람에게 빌려주어서 10만 원이라는 이자가 생겼으니까. 또 돈을 빌리는 사람 역시 돈이 없어서 당장 물건이나 서비스를 구할 수 없었는데 비록 1년 후에 10만 원이라는 이자를 내더라도 오늘 당장 100만 원을 사용하여 필요한 것을 살 수 있게 되었거든. 만약 그 사람이 택배 기사이고 당장 트럭을 고칠 돈 100만 원이 필요한 것이었다면, 빌린 돈으로 계속 일을 할 수 있을 거야. 그러면 1년간 번 돈에서 10만 원을 이자로 내주더라도 앞으로 더 많은 돈을 벌 수 있게 되었으니 이익인 셈이지.

이제 이자가 어떤 의미를 가지는지 잘 알겠지? 한마디로 정리하면 이렇게 말할 수 있어.

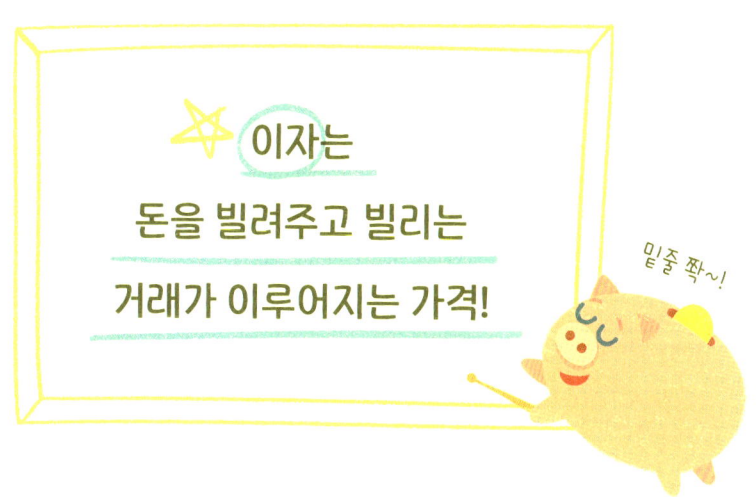

이자는
돈을 빌려주고 빌리는
거래가 이루어지는 가격!

이자의 크기를 표시하는 이자율

이자가 무엇인지 알았으니 이자의 크기를 표시하는 이자율도 같이 알아 두면 좋겠지? 이자율이란 빌려준 돈에 대한 이자의 비율을 말해. 이자율을 다른 말로 '금리'라고 한단다. 뉴스에서는 '금리'라는 말을 더 자주 써.

내가 친구에게 빌려준 돈이 100만 원이라고 가정해 볼게. 이때 100만 원을 원래의 돈, '원금'이라고 해. 그런데 친구가 나한테 이자로 10만 원을 주겠다고 했어. 그럼 이자율은 얼마일까? 이자율은 이자를 원금으로 나눠서 퍼센트로 표시한단다.

같이 계산해 볼까?

이자율 : 이자 10만 원 ÷ 원금 100만 원 = 0.1 × 100 = 10%

짜잔, 10퍼센트! 위 거래에서 나의 이자율은 10퍼센트야.

이제 은행에서 광고하는 예금 상품의 이자율이 눈에 들어올 거야. 은행에서는 보통 '연 5%' 금리를 주겠다는 식으로 광고해. 이때 퍼센트 앞의 '연'은 1년을 뜻해. 연 5% 금리를 약속하는 1년짜리 정기 예금에 100만 원을 넣었다고 치면, 5%란 말은 숫자로 0.05니까 1년 후에 은행으로부터 받는 이자는 100만 원 × 0.05 = 5만 원이야. 원금은 되돌려 받기 때문에 1년 후에 105만 원을 손에 넣게 되는 거란다.

이자 : 원금 100만 원 × 5%(0.05) = 5만 원

앞의 예시에서 알 수 있듯이 우리는 금리을 통해서 '시간 여행'을 할 수 있어. 이자율을 보면 내 돈의 가치가 1년 후, 3년 후 또는 더 먼 미래에 얼마나 되는지 알 수 있거든. 금리가 5퍼센트일 때 현재의 100만 원이 1년 후 105만 원이 됐듯이 말이야. 그래서 10년 후 내 돈이 3천만 원이 되기를 원한다면 지금부터 얼마씩 저금해야 하는지, 어떻게 절약할 것인지 계획할 수 있어. 즉, 금리는 현재와 미래를 오갈 수 있는 '시간 여행 비행기'란다.

알맞은 통장 만들기

 그럼 아빠가 만들어 주신 적금 통장이 나한테 잘 맞는 건가?

 어디 봐 봐! 통장을 보자!

나에게 딱 맞는 통장을 만들려면 먼저 자신의 주머니 사정을 정확히 알아야 해. 어려서부터 세뱃돈이나 생일날 받은 용돈을 차곡차곡 모아 얼마간의 목돈이 있다면 아무 때나 돈을 찾거나 넣을 수 있는 자유 입출금 통장에 일부 금액을 넣어 놓고, 나머

지는 정기 예금이나 적금을 드는 것이 좋아.

만약 정기 예금을 할 만큼의 돈이 없다면, 매달 용돈을 조금씩 아껴서 적금을 부어 목돈을 모으는 것이 좋겠지. 그리고 적금의 기간이 끝나서(만기) 돈을 찾게 되면 그대로 정기 예금으로 옮기는 것이 좋아. 준성이 너처럼 아직 큰돈이 없는 사람들에게 알맞은 방법이란다.

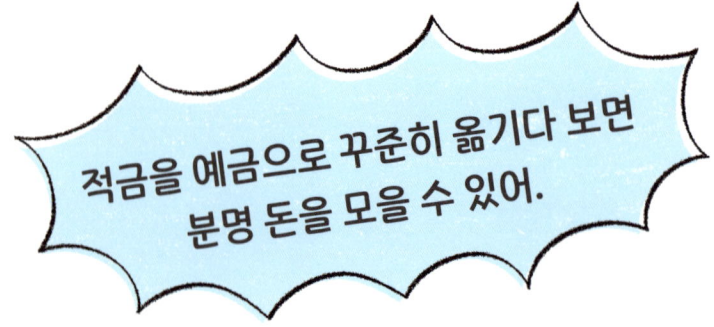

적금을 예금으로 꾸준히 옮기다 보면 분명 돈을 모을 수 있어.

참, 정기 예금이나 적금은 만기가 되는 날 바로 찾는 것이 좋아. 처음 가입할 때 안내 받은 금리는 만기 때까지만 유지되는 경우가 많거든. 그다음 날부터는 아무 때나 찾을 수 있는 보통 예금으로 바뀌기 때문에 훨씬 낮은 금리가 붙는단다. 은행에 신청하면 정기 예금이나 적금 찾는 날을 알려 주는 서비스가 있으니 한번 이용해 봐. 자동으로 다시 정기 예금을 시작하도록 미리 신청해 두는 것도 좋은 방법이란다.

아래의 보기 가운데 내용이 틀린 것을 고른 뒤 바르게 고치세요.

1 저축을 하면 충동적으로 돈을 쓰는 것을
막을 수 있고, 급한 일이 생겼을 때 꺼내 쓸 수 있어요.

2 이자율이란 빌려준 돈에 대한 이자의 비율을
의미해요. 다른 말로 '금리'라고도 하지요.

3 큰돈이 없는 어린이에게 알맞은 저축 방법은
매월 원하는 액수를 자유롭게 저금하는 '자유 적금'이에요.

4 은행은 고객이 맡긴 돈을 절대 건드리지 않고
금고에 잘 보관해 놓아요.

정답 4 은행은 고객이 자출한 돈을 가지고 '대출'을 해요, 은행은 고객이 맡긴 돈을
사람이나 필요하여 돈을 빌려주고 그 대가로 이자를 받아 돈을 벌어요.

 투자한 거야, 투자!

내 돈이 더 커지는 방법

지난번에 얘기한 것처럼 은행에 예금하는 것은 돈을 안전하게 모으는 데 좋아. 하지만 큰돈을 모으려면 내 돈이 더 커질 수 있게 일을 시켜야 해. 돈한테 일을 시킨다는 게 좀 낯설지? 어른들은 이것을 <u>투자</u>라고 해. 사람들이 투자에 관심을 갖는 이유는 딱 하나야. 주식이나 채권에 투자하면 은행 이자보다 이익이 훨씬 큰 편이거든.

투자해서 얻을 수 있는 돈의 크기는 <u>수익률</u>이라고 한단다. 은행에서는 이자율로 그 크기를 비교하듯이 말이야. 그럼 5퍼센트 이자를 주는 정기 예금과 10퍼센트의 이익이 기대되는 투자를 비교해 볼까? 5퍼센트 이자를 약속한 정기 예금에 100만 원을 넣으면 10년 뒤 165만 원 정도가 돼. 그러나 10퍼센트 수익률이 기대되는 곳에 투자하면 약 270만 원이나 되지.

이자율 5%
약 165만 원

수익률 10%
약 270만 원

차이가 엄청나지? 그러니까 정기 예금보다는 수익률이 높은 곳에 투자해야 돈을 훨씬 많이 모을 수 있어. 갑자기 투자가 막 궁금해지지 않아? 그럼 본격적으로 투자가 무엇인지, 어디에 투자하면 좋은지 살펴볼까?

투자가 뭐야?

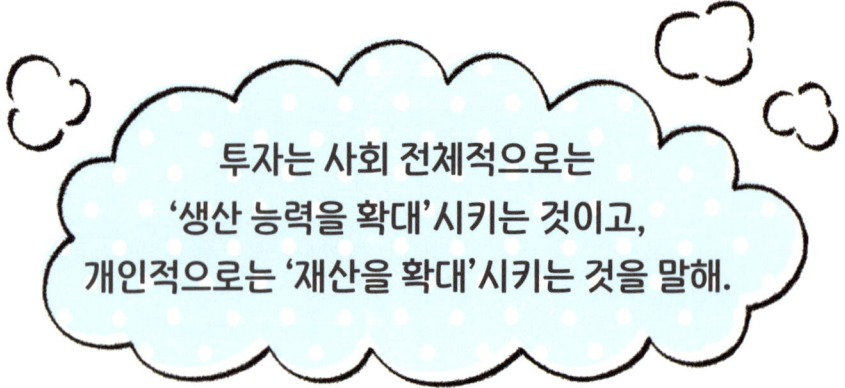

투자는 사회 전체적으로는
'생산 능력을 확대'시키는 것이고,
개인적으로는 '재산을 확대'시키는 것을 말해.

역시 좀 어렵지? 예를 들어 볼게. 기업이 공장을 더 지어서 생산 시설을 늘리거나 새로운 기계를 사들이는 것, 첨단 기술을 새로 도입하는 것 등을 모두 투자라고 해. 이렇게 투자를 하면 사회 전체적으로 생산력이 커져서 더 많은 상품을 만들 수 있지. 어른들이 주식을 사는 것도 투자라고 해. 개인의 입장에서 재산을 늘리려는 것이니까. 사실 어른들의 주식 투자에는 사회 전체적인 의미의 투자와 '투기'의 개념이 섞여 있어. 이를 이해하려면 먼저 투기의 뜻을 정확히 알아야 해.

투자와 투기의 차이

주식에는 두 가지가 있어. 새롭게 발행되는 주식과 이미 발행되어 사람들 사이에서 거래되는 주식이야. 만약 새롭게 발행한 주식을 샀다면 이건 사회 전체적으로 투자야. 왜냐하면 기업이 주식을 새로 발행하는 이유는, 주식을 사는 사람들의 돈으로 생산 시설을 확장하기 위해서거든. 생산 시설이 확장되면 생산력이 커지겠지? 그래서 이건 사회 전체적으로 투자야. 그러나 이미 발행된 주식을 사는 것은 개인적으로는 투자지만, 사회 전체적으로는 투자가 아니야. 그건 주식의 주인만 바뀔 뿐, 사회 전체적으로 생산력이 커지는 것과는 아무 상관이 없거든.

그러면 투기란 무엇일까?

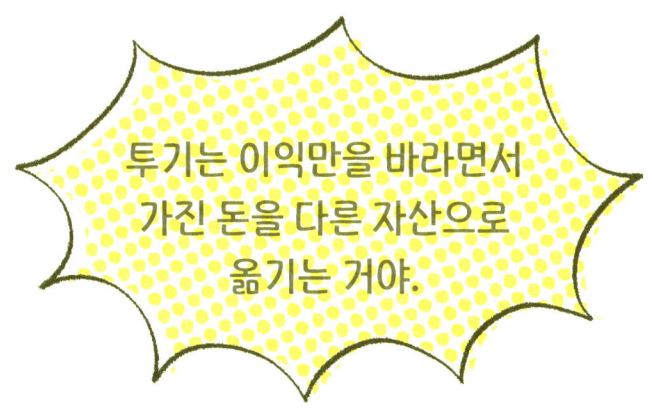

투기는 이익만을 바라면서 가진 돈을 다른 자산으로 옮기는 거야.

예를 들면 돈을 주식으로 바꾸는 거지. 사람들이 이미 발행된 주식을 사는 이유는 간단해. 주식을 가지고 있으면 그 회사가 돈을 많이 벌었을 때 이익을 나눠 받을 수 있고, 주식을 낮은 가격에 샀다가 오르면 되팔아서 이득을 남길 수 있거든.

넓은 의미로 미래를 알 수 없는 상태에서 내리는 결단도 투기라고 해. 그래서 우리가 하는 대부분의 행위는 투기라고 할 수 있어. 생각해 봐. 기업이 새로운 분야에 투자하고, 영화 제작사가 새 영화를 만들고, 미술가들이 새 작품을 그리고, 소설가들이 새 소설을 발표하는 것은 미래가 어떻게 될지 모르면서 한 일이잖아. 그러니 모두 다 투기라고 할 수 있지. 그래서 <u>투자도 넓은 의미로 보면 투기의 일종</u>이란다.

그런데 보통 투기라고 하면 자신의 이익만을 생각해 시장을 어지럽히는 나쁜 행동이라고 여겨. 하지만 꼭 그런 건 아니야.

투기로 이익을 얻었다는 것은 시장의 변화를 아주 잘 예측했다는 뜻이기도 하거든.

투기를 전문으로 하는 사람들은 예측을 잘하기 위해 누구보다 많은 지식과 정보를 모으고, 얻은 정보를 꼼꼼히 분석해. 누구나 자신의 돈은 소중하니까. 그래서 투기를 무조건 나쁜 것으로 몰아세우고 비난할 일은 아니란다. 어찌 보면 투기 전문가들은 미래의 시장 상황을 미리 알려 주는 사전 경보기와 같아. 그들이 주식을 사거나 팔면 일반 투자자들은 그들의 행동을 보고 시장의 변화를 깨닫거든. 다시 말해 투기 전문가들은 시장에서 정보를 만들어 내고 그 정보를 다른 사람들에게 전파해 앞으로의 시장 상황에 대비하게 해 주기도 한단다.

물론 나쁜 투기꾼도 있어. 예를 들어 공무원이나 국회의원으로부터 신도시가 들어설 지역이 어디인지 정보를 몰래 얻어 그 땅을 남들이 알기 전에 미리 싼 가격으로 사들인 다음 많은 이익을 얻는 사람들이지. 아마 뉴스에서 본 적 있을 거야. 이들은 당연히 벌을 받아야 해. 정보를 얻는 방법부터 옳지 않았고 아무것도 모르는 땅 주인들에게 싸게 사서 뒷날 국가에 비싸게 팔았으니, 결과적으로 신도시 건설에 들어가는 비용을 올려 버린 셈이야. 이런 나쁜 투기꾼들은 반드시 사라져야 해.

투자에도 종류가 있어

돈을 어디에 투자하느냐에 따라 투자의 종류가 달라. 주식에 투자하면 주식 투자, 부동산에 투자하면 부동산 투자, 미술품에 투자하면 미술품 투자라고 해. 그런데 부동산 투자는 투자 금액이 매우 커. 보통 1억 원 이상이지. 그리고 미술품 투자도 10만 원 단위가 있긴 하지만 문제는 투자할 작품이 그리 많지 않다는 거야. 그래서 준성이 너 같은 어린이들에게 가장 적합한 투자는 주식 투자란다. 주식 투자에 대해 자세히 설명해 줄게.

주식 투자 | 우리는 어떤 회사의 주식이든 투자할 수 있어. 컴퓨터 게임을 좋아한다면 게임 회사의 주식을 살 수 있지. 내가 좋아하는 운동화를 만드는 스포츠 용품 회사의 주식에 투자할 수도 있고. 주식은 회사에 투자했다는 증서이며, 회사의 소유권도 돼. 어떤 회사가 주식을 100개 발행했는데 그중 내가 50개를 갖고 있으면 그 회사에 대해 50퍼센트의 소유권을 갖게 되는 거지.

주식 투자는 두 가지 방법을 통해 돈을 벌 수 있어.

　첫째, **주식 가격이 오르는 경우**야. 게임 회사의 주식 10주를 1주당 1만 원에 샀다고 가정해 보자. 얼마 전 출시된 새 게임이 인기를 끌자 사람들은 앞으로 게임 회사가 돈을 더 많이 벌 거라고 예측했지. 그러면 게임 회사 주식을 사려는 사람들이 많아지면서 주식 가격이 점점 오르게 돼. 1년 뒤 게임 회사 주식 가격이 1주당 15,000원까지 올랐다고 해 볼게. 그러면 준성이 넌 1년 만에 10만 원을 15만 원으로 만든 셈이야. 만약 10만 원을 1년 동안 그냥 은행에 넣어 놨다면 이자로 10만 원의 5퍼센트인 5,000원을 받아 105,000원이 통장에 찍혔겠지만 주식에 투자하면 15만 원을 가진 것이나 다름없지.

둘째, 배당을 받는 경우야. 배당이란 기업이 벌어들인 돈의 일부를 주식을 가진 사람들에게 주식의 숫자에 따라 나눠 주는 것을 말해. 보통 주식 가격의 2.5퍼센트 정도를 배당한단다. 주가가 1만 원이라면 2.5퍼센트인 250원을 받는 거지. 10주를 갖고 있으니 2,500원의 배당을 받겠지? 주식을 많이 가지고 있을수록 배당금은 더 많아질 거야.

분산 투자 | 주식 투자는 은행 예금보다 수익이 높지만 위험도 따라. 내가 투자한 회사에 문제가 생기거나 돈을 잘 벌지 못하면 주가가 떨어져 손해를 볼 수 있거든. 또는 내가 투자한 회사가 망해 버리면 그 회사의 주식은 그냥 종잇조각일 뿐 아무 가치가 없어. 그러면 내가 투자한 원금을 모두 잃게 돼. 그래서 내 수익을 높이면서 위험을 최소화하는 방법을 찾아야 해. 바로 분산 투자를 하는 거지.

'계란을 한 바구니에 담지 말라'는 격언 들어 봤니? 계란을 한곳에 몰아서 보관하면 실수로 떨어뜨렸을 때 전부 깨질 수 있기 때문에 계란을 나누어 보관

하라는 말이지. 마찬가지로 투자할 때도 한 주식에 집중 투자하지 않는 게 좋아. 왜냐하면 모든 주식의 가격이 한꺼번에 오르거나 한꺼번에 내리지 않거든. 어떤 기업의 주가가 오를 때 다른 주가는 내려가. 그래서 투자를 분산해 놓으면 한 기업의 주가가 내리더라도 다른 기업의 주가가 오를 수 있기 때문에 손해를 줄일 수 있어.

펀드 | 어떤 주식에 투자하면 좋을지 잘 모르겠을 때 나를 대신할 전문가가 있으면 좋겠지? 바로 '자산 운용 회사'가 그런 일을 해. 우리 같은 **일반 투자자들이 돈을 맡기면 대신 주식에 투자해 잘 키운 후 투자자들에게 이익을 돌려주지.** 이를 **펀드**라고 부른단다. 투자에 관심이 많거나 투자 경험이 풍부한 사람이라면 내가 직접 주식을 사고팔면 돼. 그런데 이런 직접 투자는 성공할 때도 있지만 지식과 정보가 부족하면 위험하기도 해. 또 투자에 너무 많은 시간을 쏟다 보면 정작 내가 해야 할 일을 못할 수도 있고. 이럴 땐 펀드에 투자하는 것도 좋은 방법이야. 이렇게 펀드에 투자하는 일을 맡아서 해 주는 사람을 '펀드 매니저'라고 부른단다.

펀드는 적은 돈으로도 다양한 기업에 쉽게 투자할 수 있다는 장점이 있어. 또 분산 투자를 하기 때문에 위험도 훨씬 적지. 그러나 펀드에 투자하면 자산 운용 회사가 나 대신 일한 대가로 내 이익의 일부를 가져가. 그리고 펀드는 중간에 돈을 빼는 게 쉽지 않아. 이렇게 중간에 돈을 빼는 것을 '해약'이라고 하는데, 약속을 취소한다는 뜻이야. 여러 투자자들과 함께 시작한 것을 일종의 약속으로 보기 때문이지.

가치 투자 | 주식 투자로 이익을 얻는 방법은 아주 간단해. 주식을 싸게 사서 비싸게 파는 거야.

두 가지 방법이 있는데 자세히 알아볼까?

첫째, <u>가치주</u>를 사는 거야. 가치주란 회사의 생산 시설이나 상품 등을 살펴보니 매우 튼튼하고 좋은 회사 같은데 주식 시장에서 싸게 거래되는 주식이야. 이러한 가치주를 사는 것을 가치 투자라고 해. 가치 투자로 유명한 사람이 투자의 천재로 불리는 미국의 사업가 워런 버핏이란다.

둘째, <u>성장주</u>를 사는 거야. 성장주는 현재는 별 볼 일 없지만 앞으로 눈부시게 성장할 것 같은 기업의 주식을 말해. 미국 전기차 회사인 테슬라가 대표적이었어. 테슬라는 가장 먼저 전기차 생산을 시작해 전기차 시대를 열고 이끌었어. 앞으로 테슬라가 엄청 성공할 거라는 사실을 누구나 알 수 있었지.

 아하! 그럼 나도 테슬라 같은 회사를 세워서 주식을 발행하면 사람들이 내 주식을 엄청 사겠네?
그럼 나도 부자가 되는 건가? 호호호.

 으이구, 그 전에 먼저 제대로 된 회사를 만들어야지!

 잠깐 정보

요즘은 가상 화폐(암호 화폐)에 투자하는 사람들도 많아졌어. 가장 유명한 가상 화폐는 앞서 설명한 비트코인이야. 비트코인이 나온 뒤로 수천 개의 가상 화폐가 나왔지. 그런데 가상 화폐 투자는 매우 큰 위험이 따라. 가상 화폐 가격은 주식보다 변화가 훨씬 심하거든. 또 정부의 규제나 법의 영향을 많이 받을 수 있어. 최악의 경우 가상 화폐가 불법으로 판결되면 가치가 없어질 가능성도 있단다. 그래서 가상 화폐 투자는 매우 신중하게 해야 해.

내가 직접
돈을 벌 수도 있어

음, 투자는 좀 더 공부를 해야 할 것 같네. 돈을 벌 수 있는 다른 방법은 없어?

당연히 있지! 바로 땀 흘려 일하는 거야.

아르바이트

지금까지 예금을 들거나 주식에 투자해 돈을 버는 방법에 대해 알아보았어. 그런데 이것 말고도 직접 일해서 돈을 벌 수도 있어! 바로 일자리를 얻는 거지.

그런데 준성이 너 같은 초등학생은 할 수 있는 아르바이트가 거의 없을 거야. 혹시 잘 모르는 누군가가 돈을 주면서 심부름을 시킨다면 의심하고 조심해야 해. 우선은 일을 하면 돈을 벌 수 있다는 점을 잘 새기고 있다가, 고등학생이 됐을 때 아르바이트를 해 보면 좋을 것 같아.

아르바이트는 돈을 벌 수 있는 좋은 방법일 뿐 아니라 미래에 돈을 더 많이 벌게 해 주는 소중한 경험을 쌓을 수 있어. 사실 많은 부자들이 어렸을 때부터 아르바이트를 했어. 워런 버핏도 열세 살에 신문 배달을 했고, 아마존의 창업자 제프 베조스

현재 우리나라 근로 기준법에 따르면 15세 미만 청소년, 중학교에 다니는 18세 미만 청소년은 취직할 수 없단다. 단, 13세 이상 15세 미만인 경우 고용노동부 장관이 발급한 취직 인허증을 지닌 사람은 일할 수 있긴 해. 그렇지만 매우 드물어. 그러니 15세 이상 고등학생 때부터 패스트푸드점이나 카페 같은 곳에서 일할 수 있을 거야.

도 맥도널드에서 일했어. 미국의 방송인 오프라 윈프리는 식품점에서 선반에 물건을 정리하는 아르바이트를 했단다.

창업

빌 게이츠 같은 사람들은 어떻게 그런 큰 부자가 됐을까? 바로 창업을 해서 기업가가 되었기 때문이야.

> **기업가가 돈을 벌고 성공하기 위해서는 사람들을 만족시키는 물건을 만들어야 해.**

무슨 말이냐고? 그러니까 사람들이 미처 생각하지 못한 아이디어를 가지고 사람들이 필요하거나 좋아할 상품을 만들어야 한다는 거야.

물론 열심히 하더라도 사람들의 관심을 끌지 못하면 실패하겠지. 그러나 성공한다면 엄청 많은 돈을 벌 수 있어. 단순히 돈만 많이 버는 것이 아니라, 우리 사회에 새로운 가치를 창조하는 대단한 일을 하는 거란다. 동시에 사람들을 잘살게 만드는 아주 보람 있는 일이기도 해.

어린이 CEO 도전하기

기업가에게 중요한 것은 예리한 눈으로 **미래를 내다보는 통찰력과 아이디어**야. 준성이 너도 좋은 아이디어가 떠오른다면, 다른 사람들도 그 아이디어를 좋아할 거라는 확신이 든다면 창업에 도전해도 좋아. 어떤 면에서 보면 지금 너처럼 어릴 때 창업에 도전해 보는 게 좋을 수 있어. 사실 어른에게는 짊어져야 할 책임이 많아. 돈을 많이 버는 것도 좋지만 안정된 가정을 유지하는 것도 못지않게 중요하거든. 그래서 사업에 실패할 위험을 짊어지기 어려운 거란다. 그러나 어린이는 시도했다가 실패

해도 어른이 짊어지는 책임 같은 것은 없는 편이야. 그 실패를 통해 교훈을 얻은 다음 다시 도전해 볼 시간도 많고.

그리고 성공한 기업가들 중 중간에 실패를 경험하지 않은 사람은 거의 없어. 실패로부터 실패하지 않는 방법을 찾아내 결국은 성공하지. '실패는 성공의 어머니'라는 말도 있잖아?

혹시 디즈니 만화로 유명한 월트 디즈니를 아니? 월트 디즈니는 수많은 실패를 거듭했어. 하지만 그는 좌절하지 않고 계속 만화 캐릭터들을 만들었지. 결국 미키 마우스를 탄생시켜 대성공을 거두었어. 〈해리 포터〉 시리즈를 쓴 작가 조앤 롤링도 대학을 졸업하고 7년 동안 엄청난 실패를 겪었어. 그러나 실패를 두려워하지 않고 계속 소설을 썼지. 마침내 〈해리 포터〉 시리즈가 베스트셀러가 되면서 엄청난 부와 명예를 거머쥐었어. 그러니 관심 있는 분야가 있다면 자신감을 가지고 도전해 봐. 그 시간이 분명 너에게 좋은 추억과 큰 재산이 될 거야.

사업 계획서 작성하기

창업 아이디어가 생기면 사업 계획서를 써야 해. 사업 계획서 작성이 바로 창업의 첫걸음이란다. 아래 내용들이 사업 계획서에 기본적으로 담겨야 할 것들이야.

- 사업 아이디어를 적어. 어떻게 이 아이디어를 떠올렸는지, 성공할 거라고 확신하는 이유가 무엇인지 써 봐.
- 판매하려는 상품이 무엇인지, 어떤 사람들이 내 고객이 될지 예측해 봐.
- 판매하려는 상품의 가격을 정해.
- 어디서, 어떻게 판매할지 계획을 적어.
- 잘 팔기 위해 광고와 홍보를 어떻게 할지 써 봐.
- 한 달에 얼마나 판매될지 액수와 이윤을 계산해.

생각보다 어렵지? 하지만 사업 계획서 작성은 매우 중요해. 이 안에 사업의 틀과 방향이 담기기 때문이지. 일종의 지도인 셈이야. 정확한 지도가 있어야 목표 지점에 무사히 도착할 수 있듯이, 사업 계획서를 잘 작성하면 성공할 가능성이 높아.

또 사업 자금을 마련하는 데에도 도움이 돼. 내가 당장 창업할 돈이 충분하지 않다면 부모님이나 친척들로부터 투자를 받아야 하는데, 이때 사업 계획서가 잘 작성되어 있으면 투자를 이끌어 내기 쉽단다.

한 번 더! 알쏭달쏭 개념 다지기

은행
은행은 우리가 예금한 돈을 모아 자금이 필요한 회사와 사람들에게 빌려주어요. 즉, 우리가 저축한 돈은 회사에 필요한 자금이 되어 일자리를 늘리고 경제가 활발하게 살아나는 데 도움을 주지요.

이자
이자는 남에게 돈을 빌려 쓸 경우 그 대가로 치르는 돈을 말해요.

예금
은행에 돈을 맡기는 일 또는 그 돈을 말해요. 예금을 하면 원금 이외에 이자를 받게 되며, 이자는 은행에 돈을 맡기는 기간이 길수록 많아져요.

투자

이익을 얻을 목적으로 돈을 대거나 시간이나 정성을 쏟는 거예요. 투자를 할 수 있는 상품은 무척 다양해요. 건물이나 상점을 사서 세를 놓을 수도 있고, 금은 같은 귀금속이나 농산물에 투자할 수도 있어요. 금융 상품에도 투자할 수 있는데, 대표적인 예가 주식과 펀드예요.

적금
정해진 기간 동안 매달 일정한 돈을 저금한 뒤 약속한 이자를 받는 저축이에요.

주식
회사가 운영에 필요한 자금을 만들기 위해 투자자로부터 돈을 받고 발행하는 증서예요.

펀드
여러 사람의 돈을 모아 기업에 투자하는 것을 말해요.

투기
생산 활동과 상관없이 오직 이익을 얻을 목적으로 위험 부담이 큰 상품을 사는 거예요.

- 경제가 정확히 뭐냐면!
- 물건의 가격은 누가 정할까?
- 경제를 움직이는 3인방
- 왜 사람마다 소득이 달라?

세상을 움직이는 경제

 # 절대 팔 수 없어!

경제의 정의

'경제'라는 말을 많이 들어 봤을 거야. 경제는 <u>우리가 매일 사용하는 물품과 서비스를 만들고, 이를 서로 교환하고 사용하고 나누는 모든 활동</u>을 말해.

그런데 사람들은 왜 경제 활동을 하는 걸까? 바로 우리한테 필요하고, 또 우리가 바라기 때문이야. 우리는 옷, 음식, 집처럼 살아가는 데 기본이 되는 것이 꼭 필요해. 게다가 아름다움, 즐거움, 안전함, 편안함도 바라지. 그러려면 우리가 열심히 노력해서 필요한 것, 바라는 것을 만들어야 해. 왜냐하면 자연이 우리의 필요와 욕구를 모두 채워 주지 못하거든. 쉽게 말해 자연에서 저절로 자라는 곡물, 채소, 과일은 세계 인구를 먹여 살릴 만큼 충분하지 않아. 또 컴퓨터, 비행기, 병원도 땅이나 나무에서 자라지 않지. 그래서 자연이 우리에게 주는 것들의 모양과 성질을 바꾸고, 섞고, 변화시켜서 우리가 필요하고 원하는 것들을 생산해야 해. 그래서 경제의 핵심을 '생산'이라고 한단다.

생산, 교환, 분배의 과정

사람들은 이렇게 생산하고 나면 교환을 해. 그러면 서로 이익이거든. 무슨 말이냐고? 사람들은 좋아하는 것이 달라. 성주는 장난감 자동차가 더 좋고, 유리는 동화책을 더 좋아한다고 치자. 그럼 성주와 유리가 동화책과 장난감 자동차를 교환한다면 두 사람 모두 이익인 거지.

이렇게 우리가 교환을 하는 이유는 각자 자신이 이익을 본다고 여기기 때문이야.

예를 하나 더 들어 볼까? 1,000원짜리 오렌지 주스 한 캔이 있어. 만약 내가 1,000원이 오렌지 주스보다 가치 있다고 생각하면 사 먹지 않을 거야. 반대로 오렌지 주스가 1,000원보다 가치 있다고 판단되면 사 먹겠지. 그러면 오렌지 주스를 먹었을 때 1,000원보다 더 만족을 얻었으니까 나는 이익을 본 셈이야. 그런데 오렌지 주스 판매업자도 이익을 봤어. 오렌지 주스 한 캔의 원가가 1,000원보다 낮았을 테니까. 이렇게 교환을 통해 나와 오렌지 주스 판매업자 모두 이익을 본 거란다.

우리는 이처럼 각자 생산한 물품이나 서비스를 교환하면서 자연스럽게 소비를 해. 이 과정에서 분배(나눔)도 이루어지지. 교

환을 통해 오렌지 주스는 내 것이 되고 나의 1,000원은 오렌지 주스 판매업자의 수입이 되는 것. 이것이 바로 <u>분배</u>란다.

 이봐, 수제자. 이제 시장에 대해 얘기해 줄게.

 그래그래, 뚜니 하고 싶은 거 다 해. 들어나 보자.

시장의 정의

시장은 사람들 사이에 교환이 이루어지는 곳을 말해. 그런데 남대문 시장, 동네 슈퍼마켓처럼 특정한 장소만 시장이라고 할까? 아니, 그렇지 않아. 온라인 쇼핑몰처럼 특정 장소가 없어도 서로 교환하고 거래할 수 있지. 일하고 싶은 회사에 지원서를 내고 회사가 사람을 채용하는 '노동 시장'도 특정한 장소가 없어.

이처럼 장소에 상관없이
사회 곳곳에서 **상품,
개인의 능력(노동력)이 거래되는 곳**을
모두 **시장**이라고 해.

교환과 협동이 만나는 곳

앞에서 우리는 서로 이익이기 때문에 교환을 한다고 했어. 그런데 사실 우리는 이 교환을 통해 서로 협동하며 살아가. 무슨 말이냐고? 그 전에 질문 하나 할게.

우리는 매일 우유를 마시는데 최근에 우윳값이 많이 올랐어. 하지만 그렇다고 해서 집에서 젖소를 기르는 사람은 없을 거야. 당연히 마트에 가서 우유를 사 먹지. 이건 무슨 의미일까? 맞아. 내가 우유 생산자와 협동하며 살아간다는 뜻이야.

우유뿐만이 아니지. 오렌지가 먹고 싶다고 오렌지를 직접 재배하지 않고, 운동화가 필요하다고 직접 운동화를 만들진 않아. 아무리 똑똑한 사람이라도 그가 가진 지식은 한정되어 있고 완벽하지 않지. 즉, 인간은 혼자서 살아갈 수 있는 존재가 아니야. 아인슈타인처럼 훌륭한 천재 과학자도 자신의 전문 분야 외에 다른 수많은 것들은 잘 알지 못해. 그러니까 우유를 짜서 판매하는 사람, 쌀을 재배하여 공급하는 사람, 신선한 야채를 길러 제공하는 사람이 없다면 우리는 절대 온전히 생활할 수 없을 거야.

이렇게 <u>시장은 교환과 협동과 공존이 일어나는 곳이야.</u> 따라서 시장에서 천한 일이나 천한 직업은 없어. 모두 다 내가 할 수 없는 일을 하여 물품이나 능력을 교환해 주는 사람들이지. 우리는 그들을 존중하고 감사한 마음을 가져야 한단다.

우리는 공급자이자 수요자

시장에는 수요자와 공급자가 존재해. 수요자는 물건이나 서비스를 구매하는 소비자를 말하고, 공급자는 물건이나 서비스를 생산하여 판매하는 사람이야. 그런데 꼭 알아 두어야 할 게 있어.

우리는 모두 **공급자**이면서 동시에 **수요자**라는 사실!

내가 제빵사라면 나는 빵의 공급자지만, 빵을 팔아 번 돈으로 핸드폰을 살 때는 핸드폰 회사의 소비자가 되기 때문이지. 이때 재미있는 점은 공급자는 자신의 물건을 되도록 비싸게 팔려고 하고, 수요자는 될 수 있으면 싸게 사려고 한다는 거야. 이렇게 입장이 서로 다른데 어떻게 거래가 이루어지냐고?

바로 경쟁과 가격 때문이지.

경쟁은 물건을 사려는 사람이나 판매하려는 사람이 한 사람이상일 때 생겨. 그러니까 경쟁은 생산자들만 하는 것이 아니라 소비자들도 해. 생산자인 삼성과 애플이 소비자들에게 핸드폰을 더 많이 팔기 위해서 애쓰는 것만 봐도 생산자들끼리 경쟁하는 것은 누구나 알 수 있어. 그러면 소비자들끼리 경쟁하는 것은 어떻게 알 수 있을까? 미술품 경매를 떠올리면 대번에 알 수 있지. 어린이들 사이에서 큰 인기를 끈 만화 캐릭터 카드를 사고팔던 것도 좋은 예란다.

한편 소비자는 가격을 보고 그 물건을 살지 말지 결정해. 그런데 공급자도 가격을 보고 물건을 생산할지 말지 결정한단다. 이에 대해 자세히 설명해 줄게.

모두에게 중요한 가격

가격이 시장에서 어떤 역할을 하는지 설명하기 전에 한 가지 물어볼게. 앞에서 얘기했던 오렌지 주스 기억나지? 준성이 너를 오렌지 주스 생산자라고 하자. 누군가 너에게 주스 캔을 금으로 만들라고 하면 어떻게 할 거야? 아마 절대 만들지 않겠지? 금은 너무 비싸니까. 그런데 금이 비싸다는 걸 우리는 어떻게 알까? 바로 가격 덕분이지. 아무튼 오렌지 주스가 1,000원인

데, 주스 캔을 금으로 만든다면 이윤이 남기는커녕 계속 손해만 볼 거야. 그래서 금 대신 가격이 싼 페트병, 종이 팩 등을 선택하는 거야. 이렇게 가격은 회사가 제품을 어떻게 생산할지 결정하는 데 중요한 정보를 제공해. 마찬가지로 소비자에게도 소비를 결정할 수 있는 정보를 제공하지.

이처럼 가격은 단순히 숫자가 아니야. 시장에 참여하는 생산자와 소비자가 생산 결정, 소비 결정을 하는 데 큰 영향을 끼쳐. 그리고 생산자와 소비자가 결정하면 비로소 시장에서 생산과 소비, 그러니까 수요와 공급이 조화를 이루게 돼.

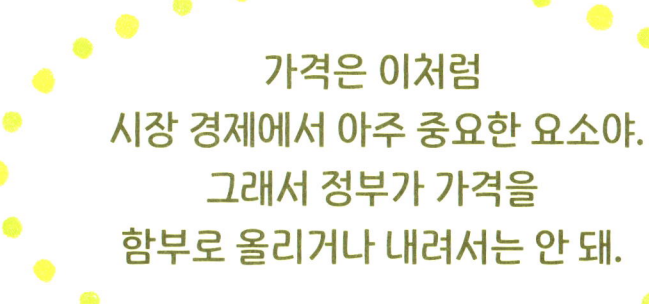

가격은 이처럼
시장 경제에서 아주 중요한 요소야.
그래서 정부가 가격을
함부로 올리거나 내려서는 안 돼.

정부가 함부로 끼어드는 것을 통제라고 하는데, 정부가 가격

정부의 가격 통제가 위험한 이유

1789년 프랑스 혁명을 주도했던 로베스피에르는 생필품 가격이 올라 서민들의 불만이 하늘을 찌르자 우윳값을 올리는 상인에게 엄한 벌을 내리겠다고 했어. 서민들을 보호하려는 좋은 의도였지. 처음에는 우윳값이 뚝 떨어져 정책이 성공하는 듯 보였어. 그런데 우윳값이 너무 싸다 보니 낙농업자들의 수입이 줄어들어 젖소에게 사료조차 사 먹일 수 없었지. 결국 젖소 사육을 포기하는 낙농업자들이 많아졌어. 그러자 우유 공급이 크게 줄면서 우윳값이 엄청나게 올라 버렸어. 그러니까 서민을 위한 우윳값 통제가 오히려 서민들을 더 고통스럽게 만든 거야. 이 일화에서 알 수 있듯이, 정부가 시장 가격을 함부로 통제하는 것은 매우 위험해.

을 통제하면 생산자와 소비자에게 잘못된 정보를 제공하게 돼. 그러면 생산 결정과 소비 결정이 잘못되어 생산과 소비가 조화를 이루지 못하고 결국 시장이 파괴된단다. 즉, 경제가 잘 돌아가지 않는 거지.

소비자가 결정하는 가격

그럼 시장에서 가격은 어떻게 결정될까? 가격은 당연히 수요와 공급에 의해 결정되지만, 엄밀히 말하면 수요자인 소비자가 결정해. 왜 그런지 살펴볼까?

티셔츠 판매자가 가격을 1만 원으로 정했다고 치자. 그런데 값이 너무 싸서 사려는 사람이 정말 많았어. 급기야 소비자들끼리 경쟁이 벌어지고 웃돈을 주면서 티셔츠를 사려는 사람이 생겨났지. 그 결과 티셔츠 값이 3만 원, 4만 원으로 치솟자 판매자는 많이 팔 생각에 티셔츠 생산을 늘려. 하지만 한편으로는 값이 계속 오르자 티셔츠를 사려는 사람들이 조금씩 줄게 돼. 그러다가 어느 가격에서, 예를 들면 2만 원의 가격에서 티셔츠 생산량과 소비량이 같아지면 가격은 더 이상 오르지 않는단다.

반대로 티셔츠 값이 5만 원이었다면, 너무 비싸서 사려는 사

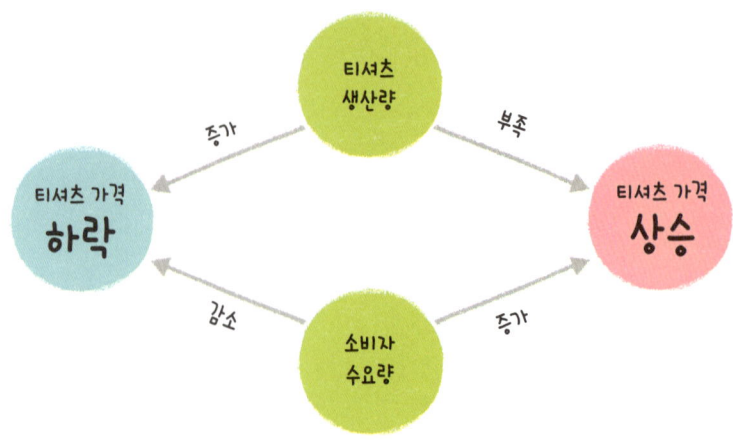

람이 별로 없을 거야. 당연히 티셔츠는 팔리지 않고 많이 남겠지. 그러면 판매자는 상품을 싸게 팔기 시작해. 티셔츠를 창고에 쌓아 두느니 가격을 내려서라도 파는 것이 나으니까. 이렇게 값이 내려가면 티셔츠를 구입하려는 사람들이 늘어날 거야. 그러다가 2만 원의 가격에서 티셔츠가 다 팔리고 사려는 사람도 없게 되면 가격은 더 이상 내려가지 않는 거지. 이 예시에서 알 수 있듯이 가격을 결정하는 것은 소비자란다.

사유 재산권의 중요성

그런데 시장이 잘 작동하려면 꼭 갖춰야 할 조건이 하나 더 있어. 바로 **사유 재산권**이야. 사유 재산권이란 내가 번 돈이나 내가 가진 물건을 마음대로 쓸 수 있는 권리를 말해. 만약 그럴 수 없다면 시장에서 교환할 것이 없겠지. 교환할 것이 없으면 당연히 시장도 생길 수 없고. 즉, **시장은 사람들이 사유 재산을 교환하는 과정에서 자연스레 만들어지고 발전한단다.**

그리고 시장이 만들어지지 않는다면 가격도 형성되지 않겠지? 가격이 없으니 소비자는 어떻게 소비할지, 생산자는 어떻게 생산할지 모를 수밖에 없고. 그럼 경제가 잘 돌아가지 않아서 경제가 쇠퇴한단다. 이는 사회주의 국가를 보면 잘 알 수 있어.

사회주의 국가는 개인의 사유 재산을 인정하지 않고 모든 재산을 국가가 소유해. 그래서 국가가 기업들에게 필요한 물건의 생산을 명령하고, 생산된 물건을 사람들에게 똑같이 나누어 줘. 그리고 기업은(물론 기업도 국가의 소유야.) 생산된 물건의 품질이 아니라 정부의 명령을 잘 따랐는지로 평가를 받아. 그러다 보니 생산 목표량을 맞추는 데에만 신경 쓸 수밖에 없겠지. 자연히 쓸모없는 물건들이 만들어지기 일쑤였고 소중한 자원들도 낭비되었어. 그 과정에서 사회주의 국가들의 경제도 서서히 쇠퇴했단다.

> 사유 재산권이 경제에서
> 중요한 이유가 하나 더 있어.

> 바로 사람들로 하여금 열심히 일하고
> 새로운 기술을 개발하고 싶게 만든다는 거지.

만약 열심히 개발한 기술이 내 것이 아닌 국가의 소유가 된다면 누구도 일하려 하지 않을 거야. 그래서 사유 재산권이 잘 보장된 나라일수록 경제가 발전하는 거란다.

잠깐 정보

사회주의 국가였던 소련은 나라의 모든 땅을 국가가 소유했어. 약 1,500평 이하의 토지만 개인의 소유를 허락했지. 하지만 개인 소유 토지를 모두 합해도 소련 전체 토지의 약 3퍼센트에 불과했어. 그런데 정말 놀라운 일이 벌어졌단다. 3퍼센트밖에 되지 않는 작은 땅에서 생산된 우유가 소련 전체 우유 생산량의 3분의 1이나 되었던 거야. 개인 토지에서 생산한 것은 온전히 자신의 재산이었기 때문에 사람들이 그만큼 열심히 일했던 거지. 이 일화만 봐도 사유 재산권이 경제 발전에 얼마나 중요한지 알 수 있지?

아래의 보기 가운데 내용이 틀린 것을 고른 뒤 바르게 고치세요.

1 주식을 발행한 회사에서 이익을 나누어 주주에게 지급하는 돈을 '배당금'이라고 해요.

2 돈을 벌 수 있는 방법 중 하나는 기업가가 되는 거예요. 기업가는 사람들이 무엇을 필요로 하고, 무엇을 원하는지 찾아내는 것이 중요해요.

3 시장 경제가 어려울 때는 정부가 적극적으로 나서서 물건의 가격을 조정해야 해요.

4 시장 가격은 물건의 수요량와 공급량에 많은 영향을 받지만, 정확하게는 소비자에 의해 결정돼요.

정답 **3** 물건가 시장 가격을 통제하려 하면 생산자와 소비자에게 필요한 정보를 제공하여 시장이 파괴될 수 있어, 따라서 정부가 임의로 시장경제에 개입하는 것은 좋지 않아요.

로봇이 팔리다!

경제의 핵심, 생산

앞에서 경제의 핵심은 '생산'이라고 했던 거 기억하지? 우리는 필요해서, 바라는 것을 얻기 위해서 재화나 서비스를 생산한단다. 아! 재화는 뭐고, 서비스는 또 뭐냐고? 갑자기 어려운 말이 나와서 놀랐나 보네.

재화는 물건을 뜻해. 물건을 조금 어렵게 표현한 말이지. 서비스는 누군가를 위해 한 일이야. 의사가 환자를 치료하고, 교사가 학생을 가르치고, 배우가 공연을 하는 것이 모두 서비스지. 생각보다 어렵지 않지?

그런데 재화와 서비스를 생산하려면 돈이 많이 필요해. 돈이 있어야 재화를 만드는 데 필요한 기계나 도구를 만들 수 있으니까. 이 기계와 도구를 다른 말로 자본재라고 해. 공장에서 용접하는 로봇, 빵집에서 사용하는 오븐 등이 바로 자본재란다. 자본재가 중요한 이유는 물건을 많이 만들 수 있기 때문이야. 자본재를 사용하면 생산성이 높아진다는 말이지. 예를 들어, 땅을 파는 삽과 굴삭기를 비교해 봐. 한 시간 동안 어느 것이 더 깊고 넓게 땅을 팔 수 있을까? 아마 굴삭기가 삽보다 백배는 더 많이 땅을 팔 수 있을 거야.

아무튼 생산 과정을 거쳐 사람들이 필요로 하는 재화와 서비스가 만들어지는데, 이 생산은 결국 사람에 의해 이루어져.

이때 생산 과정에서 중요한 역할을 하는
사람들은 크게 **소비자**와 **기업가**로 나뉘어.
그리고 소비자와 기업가의 활동에
영향을 미치는 것이 바로 **정부**란다.

그래서 지금부터 경제를 움직이는 소비자, 기업가, 정부의 역할을 하나씩 살펴보려고 해.

소비자

소비자는 필요한 것, 원하는 것을 사는 사람이야. 소비자들은 소비를 할 때 총 다섯 가지 요소에 영향을 받는단다.

첫째, 가격이야. 가격이 오르면 소비가 줄어들고, 가격이 내리면 소비가 늘어나.

둘째, 선호에 영향을 받아. 예를 들어, 커피가 몸에 좋지 않다는 뉴스가 보도되면 사람들은 커피를 잘 마시지 않을 거야. 즉, 커피에 대한 소비가 줄어들지. 반대로 커피가 몸에 좋다고 하면 커피 소비가 증가할 거야.

셋째, 소비자의 소득도 많은 영향을 끼쳐. 돈을 많이 벌어 소득이 높아지면 더 많은 재화와 서비스를 구매하려고 해. 그래서 소비가 증가한단다.

넷째, 미래 가격에 대한 기대도 중요한 요소야. 어떤 물건의 값이 오를 것 같으면 가격이 오르기 전에 그 물건을 사려고 할 거야. 그러면 소비가 늘어나겠지. 그래서 뉴스에서 내일부터 휘

발유 가격이 오른다고 하면 사람들이 주유소에 줄을 길게 늘어서서 휘발유를 사는 거란다. 반대로 가격이 내려갈 것 같으면 가격이 내릴 때까지 기다리느라 소비가 줄어들지.

다섯째, <u>다른 재화의 가격 변화</u>도 영향을 끼쳐. 예를 들어, 아침 식사 때 마시는 오렌지 주스 가격이 오르면 어떻게 될까? 아마 가격이 오르지 않은 사과 주스를 사는 사람이 많아질 거야. 이렇게 한 재화의 가격이 상승하면 다른 재화의 소비가 증가하는 걸 볼 수 있어. 반대로 한 재화의 가격이 내려가면 이를 사는 사람들이 많아지니 당연히 다른 재화의 소비가 줄어들겠지?

아항~, 유리 어머니는 수제 비누를 선호해서 구매하셨구나.
그럼 유리는…, 로봇을 왜 산 거지? 내가 팔아서?

으이구! 가격이 쌌잖아. 게다가 미래 가격에 대한
기대도 있었던 것 같고.

그리고 우리 사회의 경제를 제대로 이해하려면 가족으로 만들어진 덩어리, 즉 가정을 잘 관찰해야 해. 이를 다른 말로 '가계'라고 하는데, 가계 하나하나가 소비의 주인이란다. 경제 전반을 이해하려면 반드시 가계의 움직임을 알아야 해. 그래서 각 나라의 통계청이 주기적으로 가계의 소비 지출을 조사하고 발표하는 거야.

'대체재'는 다른 재화를 대신해 쓸 수 있는 물건을 말해. 쉽게 말해 오렌지 주스와 사과 주스는 서로 대체재인 셈이지. '보완재'는 다른 물건과 함께 소비되는 재화를 뜻해. 컴퓨터와 소프트웨어, 연필과 지우개, 핫도그 빵과 소시지 등이 보완재란다. 보완재의 경우, 한 재화의 가격이 하락하면 소비량이 같이 증가해. 소시지 값이 내려서 핫도그를 먹는 사람이 많아지면, 핫도그 빵의 소비량이 같이 늘어나는 거지.

기업가

기업가는 시장에서 부족한 것이 무엇인지를 파악해 새로운 제품을 개발하는 사람이야. 미래의 소비자가 얼마나 될지 상상하고, 소비자를 만족시킬 상품을 생각하지. 그리고 마침내 최종 상품(소비재)를 만들어 시장에 내놓아.

이렇게 생산해 낸 상품이 성공할지 실패할지는 아무도 몰라. 시장에 등장해 보아야 성공 여부를 알 수 있지. 그 상품이 소비자의 마음에 쏙 든다면 성공해서 이윤을 얻고, 그렇지 못하면 실패하여 망하게 될 거야. 그래서 기업가의 운명은 소비자에 의해 결정된다고 할 수 있어.

미래가 불확실한 현실에서는 어떤 사업이 이윤을 낼지 아무도 알 수 없어. 만약 어떤 기업가가 이윤을 보았다면, 다른 사람들보다 미래를 더 정확히 예측하여 그에 따라 행동한 결과일 거야.

> 이렇게 이윤 기회를 잘 잡는 사람이 바로 **기업가**란다. 다른 사람들이 보지 못하는 기회를 보는 것을 **기업가 정신**이라고 해.

기업가에게 이윤은 매우 중요해. 실패할 위험을 무릅쓰고 도전한 기업가에게 이윤이라는 보상이 없다면 사람들에게 필요한 새로운 물건이 생산되거나 공급되지 않을 거야. 새로운 시장, 새로운 일자리도 생기지 않을 것이고. 그럼 당연히 경제도 성장하지 않겠지. 그래서 기업가들을 이윤만 생각하는 부정적인 이미지로 보는 것은 옳지 않아. 기업가가 없다면 경제를 이끌어

가는 원동력을 잃는 것이나 마찬가지니까. 실제로 훌륭한 기업가가 많은 나라일수록 국민들이 잘살고 국가의 힘이 세단다.

정부

정부는 경제 활동에 영향을 미치는 규율을 만들어. 이 규율은 소비자와 기업가의 행동에 영향을 주지. 정부가 어떤 역할을 하느냐에 따라 시장이 원활하게 움직일 수도 있고 삐걱거릴 수도 있어. 그래서 정부의 역할이 경제에서 매우 중요하단다. 시장이 원활하게 움직이려면 정부가 어떤 역할을 해야 하는지 같이 살펴볼까?

사유 재산권 보호 | 정부의 가장 중요한 역할은 사유 재산권 보호야. 사유 재산권의 중요성은 앞에서 자세히 설명했지? 그럼 어떨 때 사유 재산권이 침해될까? 바로 외국에서 적이 쳐들어오거나 국내의 다른 사람이 빼앗아 가는 경우일 거야. 그래서 정부는 외부의 침입으로부터 국민의 생명과 재산을 보호하는 국방의 의무를 다해야 하지. 그리고 사기나 횡령을 엄격히 처벌하고 도둑과 강도로부터 개인의 재산을 보호하는 치안을 잘해야 해. 즉, 정부의 가장 기본적인 임무는 바로 국방과 치안이란다.

자유 경쟁 보호 | 앞에서 시장이 원활히 움직이려면 경쟁이 있어야 한다고 했지? 그래서 정부는 자유 경쟁을 보호하고 확대하는 일에 힘써야 해. 정부는 특정 기업에 특혜를 주거나 경쟁을 막아선 안 돼. 결과적으로 자유 경쟁을 해치는 것이거든. 또 경쟁을 제한하면 오히려 독점을 보호하게 되니 소비자에게 손해를 주고, 기업의 활동도 방해하는 셈이야. 경제 성장에 전혀 도움이 되지 않는단다.

돈의 가치 안정 | 모든 재화와 서비스의 가격은 돈으로 표시된다는 걸 이제 잘 알 거야. 그런데 왜 돈의 가치가 안정되는 게 중요할까? 돈의 가치가 불안정하면 재화와 서비스의 가격들도 불안정해지기 때문이야. 당연히 생산과 소비의 균형을 이루던 사람들 간의 협동이 깨지겠지. 한마디로 시장이 파괴되고 경제가 혼란에 빠져. 현재 정부는 독점권을 가지고 화폐를 발행(공급)하고 있어. 화폐 발행 독점권을 가진 정부가 화폐를 마구 발행하면 돈의 가치가 떨어지면서 불안정해지겠지? 물가가 300억 배 올랐던 독일의 경우를 떠올리면 쉽게 이해할 수 있을 거야. 따라서 정부는 돈의 가치를 안정시키기 위해 돈 관리를 잘해야 해.

정부 역할이 엄청 중요하구나!

맞아. 하지만 기업가, 소비자도 제 역할을 잘해야 한단다.

공공 서비스에 꼭 필요한 세금

정부는 기본적인 역할인 국방과 치안 외에도 철도·도로 같은 사회 시설을 만들고 관리해. 좋은 교육 환경을 제공하고 소득을 골고루 나누는 작업도 하지. 이렇게 국민의 행복한 삶을 위해 정부가 제공하는 것을 <u>공공 서비스</u>라고 해. 이를 위해선 막대한 돈이 필요한데 정부는 <u>세금</u>을 걷어서 한단다.

국민들에게 부과되는 세금은 종류와 형태가 매우 다양한데, 정부의 활동에 세금이 꼭 필요하기 때문이지. 하지만 너무 많이 걷으면 가계와 기업에 부담을 주어서 경제 활동이 줄어드는 문제가 생겨. 그러면 자연스레 재화와 서비스의 생산이 줄고 고용도 줄어들겠지? 그래서 세금을 너무 많이 걷으면 국민들의 삶이 어려워진단다. 따라서 정부는 세금을 적당히 걷어야 해.

소득과 소득 분배의 원리

 맞아. 어떤 사람은 소득이 많고 또 어떤 사람은 상대적으로 소득이 적어. 왜 그럴까?

 먼저 소득의 개념을 알아야 이해할 수 있어. 앞에서 소득은 생산에서 나온다고 했던 거 기억해? 내가 생산한 물건이나 서비스가 팔려야 소득을 얻을 수 있어. 그렇게 얻어진 소득은 물

건이나 서비스를 생산하는 데 기여한 노동자, 토지 소유자, 자본가, 기업가가 나누어 가지지.

예를 들어 볼까? 사람들이 커피를 너무 좋아해서 커피 소비량이 늘고 커피 가격도 올랐어. 그러자 커피 회사는 이윤을 늘리기 위해 커피를 더 많이 생산했지. 그러자 일이 늘어난 커피 회사 직원들은 예전보다 돈을 더 많이 받게 되었어. 그리고 커피를 더 많이 생산하는 데 필요한 토지와 자본을 빌려준 사람도 소득이 늘었지. 또 이러한 비용들을 다 지급하고도 남는 이윤이 커진 기업가도 소득이 증가했어.

여기에서 우리는 무엇을 알 수 있을까?

**개인의 소득은
결국 소비자에 의해
결정된다는 거야.
그리고 또 하나!
개인 간 소득 분배는
시장에서 자연스럽게
이루어진다는 것이지.**

    가수 BTS는 그들의 노래를 들으며 즐거워하는 사람들(소비자)이 많기 때문에 아무도 찾지 않는 무명 가수보다 돈을 더 많이 버는 거야. 배우나 탤런트도 마찬가지지. 영화나 드라마를 보며 즐거워하는 사람들이 있기 때문에 그들이 존재하는 것이고, 사람들에게 인기가 많을수록 그들의 소득도 높아져. 이제 사람들의 소득이 어떻게 생기고, 사람들 간에 어떻게 소득이 분배되는지 알겠지?

어떤 물건을 생산하려면 자원이 필요해. 조금 어려운 말로 '생산 요소'라고 한단다. 생산 요소는 보통 노동, 토지, 자본으로 나뉘어. 노동은 몸을 움직이는 활동뿐 아니라 지식, 기술, 능력을 활용하는 모든 활동을 말해. 토지는 땅, 광석, 석유, 산림처럼 자연이 제공하는 모든 자연 자원을 말하지. 자본은 기계나 도구 같은 설비를 뜻한단다.

저마다 임금이 다른 이유

그럼 이제 왜 사람마다 임금이 다른지 구체적으로 살펴볼게. 수요와 공급의 법칙 알지? 수요보다 공급이 많으면 가격이 싸고, 공급보다 수요가 많으면 가격이 비싸지는 거 말이야. 마찬가지야. 일할 수 있는 사람의 수가 많으면 임금이 내려가고, 수가 적으면 임금이 올라가지.

예를 들어, 게임 개발자와 건설 노동자의 임금이 달라. 그건 바로 공급이 부족하기 때문이야. 그러니까 게임 개발자를 원하는 회사는 많은데 개발자의 수가 턱없이 부족하다면, 당연히 게임 개발자의 몸값이 올라갈 테지. 즉, 높은 월급을 지급해야만 게임 개발자를 고용할 수 있어. 반면 건설 노동자는 수가 충분해서 언제든 쉽게 사람을 구할 수 있어. 그래서 굳이 높은 임금을 주고 건설 노동자를 고용하지 않아.

다시 말해 노동의 공급이 차이가 나면 개인의 임금에도 차이가 생기는 거야.

그럼 노동의 공급이 똑같다면 임금도 똑같을까? 예를 들어 은행원과 회계사의 수(공급의 수)가 똑같다고 가정해 볼게. 그럼 당연히 회계사와 은행원의 월급이 같아야겠지. 그런데 또 그렇지가 않아. 왜냐하면 은행원을 원하는 회사와 회계사를 원하는 회사의 수가 다르거든. 회계사를 원하는 곳, 다른 말로 회계사에 대한 수요가 은행원에 대한 수요보다 훨씬 커. 그래서 여기저기 찾는 곳이 많은(노동의 수요가 높은) 회계사의 월급이 더 높은 거야. 결국 사람마다 임금이 서로 다른 것은 '노동의 수요'와 '노동의 공급'이 다르기 때문이란다.

노동의 수요와 공급을 흔드는 요인

그럼 노동의 수요를 높이는 요인이 뭘까? 궁금하지 않아? 자, 이제부터 설명해 줄게.

첫째, <u>상품에 대한 수요가 높기 때문이야.</u> 그러니까 게임이라는 상품을 찾는 사람이 많다 보니, 게임을 만들 수 있는 게임 개발자의 수요도 높아지는 거지.

둘째, <u>노동자의 생산성이야.</u> 이게 무슨 말이냐 하면, 게임 개발자의 능력이 매우 뛰어나면 찾는 사람이 많아서 수요도 저절로 커진다는 거지. 즉, 다른 개발자보다 일을 훨씬 잘한다면 월급을 더 많이 줄 테니 제발 우리 회사에 와서 일해 달라고 할 거야. 그래서 생산성이 높을수록 수요가 많아지고 소득도 늘어나지.

그다음 노동의 공급에 영향을 미치는 요인을 알아볼까? 보통 개인의 임금은 <u>나와 똑같은 일을 할 수 있는 사람이 얼마나 있느냐에 따라서 달라져.</u> 내가 하는 일이 수요가 아무리 높아도 그 일을 할 수 있는 사람이 아주 많다면 결코 높은 임금을 받지 못할 거야.

그렇다면 어떤 분야는 노동의 공급이 많고, 어떤 분야는 공급이 적을까? 여러 가지 이유가 있는데 그중 하나가 바로 특별한

손흥민으로 알아보는 소득의 격차

축구 선수 손흥민의 소득이 높은 이유

매년 수백만 명의 사람들이 축구를 보기 위해 경기장을 찾거나 텔레비전으로 시청해. 즉, 축구 경기는 많은 사람들이 원하는 상품이야. 손흥민은 이렇게 수요가 높은 상품인 '축구 경기' 서비스를 생산하는 사람이지. 게다가 손흥민은 생산성이 매우 높아. 그는 매우 빠르고 축구 기술이 뛰어나서 늘 팀을 승리로 이끌어. 그래서 많은 사람들이 그를 좋아하고 그가 출전하는 경기의 티켓은 늘 매진이야. 그러다 보니 수많은 축구팀에서 높은 연봉을 제시하며 손흥민을 데려가려고 하지. 축구 선수들 중에는 손흥민처럼 훌륭한 기술을 가진 사람이 많지 않아. 아니, 매우 적지. 다시 말해 공급이 너무 적다고 할 수 있어.

주유소 직원의 소득이 낮은 이유

축구 선수와 정반대로 수요가 적어. 게다가 특별한 기술이 필요하지 않아서 주유소에서 일할 수 있는 사람은 아주 많지. 수요에 비해 공급이 너무 많은 거야.

	축구 선수 손흥민	주유소 직원
수요	많다	적다
공급	적다	많다
생산성	높다	낮다
임금	높다	낮다

일을 할 수 있는 능력이야. 예를 들어 의사보다는 버스 운전사의 수가 훨씬 많지. 이는 직업의 높고 낮음을 따지려는 것이 아니야. 어떤 직업군은 다른 직업군보다 일할 사람이 많다는 사실을 알려 주는 거란다. 만약 모든 조건이 똑같다면 남들이 가지지 못한 특별한 기술을 지닌 사람이 임금이 높아. 그래서 의사가 버스 운전사보다 임금이 높은 거야.

나만의 특별한 기술이나 능력을 키우는 게 중요하구나.
그럼 그 가치를 알아보고 나를 데려가려는 사람들이 줄을 설 테고,
돈은 자연히 따라오는 거네.

그렇지!

소득의 재분배

그런데 소득 차이가 많이 나면 사람들이 불만을 가져. 그래서 정부는 소득의 차이와 불평등 문제를 해결하려고 <u>소득 재분배 정책</u>을 쓴단다. 개인의 소득을 다시 한번 정부가 나누는 거야. 예를 들면 부자에게 세금을 더 내게 하거나 사회적 약자 계층의 복지에 예산을 많이 쓰는 것이지.

누진세 | 소득 재분배를 위한 대표적인 세금으로 '누진 소득세'가 있어. 소득이 많을수록 더 많은 세금을 내는 거야.

복지 제도 | 누진 소득세만으로는 소득 재분배 효과를 충분히 낼 수 없기 때문에 정부는 저소득층을 대상으로는 국민기초생활보장 제도, 국민연금, 건강보험, 무상교육 등 여러 가지 사회보장 제도를 운영해. 국가가 어려운 국민을 위해 제공하는 서비스라고 할 수 있지.

어느 사회에나 도움을 필요로 하는 가난한 사람들이 있어. 그런 가난한 사람들을 지속적으로 돕는 복지 정책은 당연히 필요해. 그러나 지나치게 복지 정책을 키우면 계속 유지하기 어렵고, 자칫 나라 전체를 망하게 할 수 있으니 조심해야 해.

바람직한 복지 제도

 복지 제도가 전혀 필요 없다는 건 아니야. 복지 제도는 모든 국민이 혜택을 받는 것이 아니라 정말 가난한 사람에게 진정으로 도움이 되어야 한다는 말이지. 우리 사회에는 소년 소녀 가장, 무의탁 독거 노인, 장애인 등 혼자 힘으로는 살아가기 어려운 사람들이 많이 있어. 국가가 해야 할 일은 이런 사람들을 위한 프로그램을 만들어 튼튼하게 보호해 주고 지켜 주는 일이란다.

 무엇보다 복지 제도를 계속 유지하려면 생산에 큰 영향을 미치지 않도록 설계해야 해. 사람들이 일을 하는 것이 이롭도록 복지 제도를 만들어야 한다는 말이야. 복지 정책만 믿고 놀고 지내는 것이 나에게 손해라는 생각이 들어야 복지 혜택을 받는

잠깐 정보

'사회적 기업'이란 가난한 사람들에게 일자리를 제공하는 사회적 목적을 추구하면서 이윤도 챙기는 회사야. 가난한 사람들이 스스로 생활할 수 있는 능력을 높이는 데 도움을 주지. 그래서 소득 불평등 문제를 해결하는 데도 중요한 역할을 해.

동안에도 기술을 배우고 능력을 키워 나갈 테니까. 그래야 국가는 **복지 혜택은 나누어 주면서도 국가 생산성을 키워서 사회를 튼튼하게 지켜 나갈 수 있단다.**

여러 번 강조하지만, 잘살 수 있는 유일한 길은 개개인이 열심히 일하는 거야. 가난한 사람들을 돕는 복지 제도에 돈을 쏟아붓는다고 사람들이 잘살게 되지 않아.

**국민 스스로
열심히 일할 수 있는
기회를 주고,
일하고 싶은 마음이
생기는 사회로 만들고,
일한 만큼 소득을 얻을
수 있는 틀을 마련하는 게
제일 중요해.**

준성이 너랑 지금까지 엄청 많은 이야기를 나누었네? 물물 교환과 돈의 탄생에서 시작해 경제가 돌아가는 원리까지 말이야.

무엇보다 경제는 여러 가지 요인이 톱니바퀴처럼 맞물리면서 움직이고 있다는 걸 꼭 알아 두렴. 여기에는 경제가 작동하는 다양한 원리들이 존재해. 그런데 만약 그 원리를 거스르면 국민들이 커다란 어려움을 겪게 돼. 우주선을 쏘아 올릴 때 중력의 법칙을 무시하면 많은 혼란이 생기는 것처럼 말이야. 특히 <u>교환의 중요성, 가격의 중요성, 사유 재산의 중요성, 정부의 역할</u>을 꼭 알아 두면 좋겠어. 나와 내 가족의 삶은 스스로 책임져야 한다는 것도 꼭 기억하렴!

자, 나의 훌륭한 수업은 이만 마칠게.
이제 경제가 어떻게 돌아가는지 잘 알겠지? 에헴!

엇, 유리랑 성주랑 만나기로 약속한 시간이네.
이크, 늦었다.

 잠깐 퀴즈

아래의 보기 가운데 내용이 틀린 것을 고른 뒤 바르게 고치세요.

1 경제의 핵심은 '생산'이며, 이 생산 과정에서 소비자와 기업가가 매우 중요한 역할을 해요.

2 정부가 시장의 자유 경쟁을 제한하면 특정 기업의 독점권을 보호하게 되어 소비자에게 손해를 끼쳐요.

3 임금은 나와 똑같은 일을 할 수 있는 사람이 많을수록 낮아요. 나만의 특별한 기술이 있어야 높은 임금을 받아요.

4 복지 제도는 국민의 세금으로 운영되기 때문에 전 국민이 공평하게 복지 혜택을 받아야 해요.

정답 4 복지 혜택이 꼭 필요하게 돌아갈 수 있도록 많이 들고 있어 사정이 어려우신 아저씨와 어려운 재소를 받고 용돈이 부족한 사람이 생겼다면 배려해 주며 결국 우리 사회가 더 발전할 수 있어요.

한 번 더! 알쏭달쏭 개념 다지기

경제
사람이 생활하면서 필요로 하는 물건이나 서비스를 만들고 나누고 쓰는 것을 말해요.

생산
생활하는 데 필요한 각종 물건 등을 만들어 내는 것을 뜻해요.

소비
생산한 물건을 사서 쓰는 것을 말해요. 눈에 보이지 않는 서비스에 돈을 지불하는 것도 '소비'예요.

시장
물건을 사려는 사람과 팔려는 사람들이 만나서 거래가 이루어지는 장소를 말해요.

사유 재산
개인이 마음대로 사들이거나 처분할 수 있는 현금, 부동산, 주식과 채권 등을 뜻해요.

수요
물건이나 서비스를 사는 거예요. 가격이 내리면 수요량이 늘어나고, 가격이 오르면 수요량이 줄어들어요.

공급
재화와 서비스를 파는 거예요. 파는 사람을 '공급자', 공급자가 내놓은 재화와 서비스의 양을 '공급량'이라고 해요.

임금
근로자가 일을 한 대가로 받는 돈이에요.

세금
국가를 유지하고 국민 생활의 발전을 위해 국민들의 소득 일부분을 국가에 납부하는 돈이에요.

이윤
물건을 팔아 얻은 수입에서 물건을 만들 때 들어간 비용을 제외한 부분을 뜻해요. 모든 기업이 이윤을 남기기 위해 많은 노력을 하지요.

사회주의
모든 생산 수단을 나라에서 관리하고 사람들의 재산을 사회 전체의 것으로 만들어 모든 사람들이 평등하게 살 수 있다는 생각이에요. 사회주의 국가에서는 나라가 모든 경제 활동을 관리해요.

교과 연계

- 4-2 사회   2. 필요한 것의 생산과 교환
- 5-2 실과   5. 나의 자립적인 생활 관리
- 6-1 사회   3. 우리나라의 경제 발전

참고 사이트

한국은행 bok.or.kr
기획재정부 어린이 경제교실 kids.moef.go.kr
KB스타 경제교실 kbstarschool.or.kr
어린이 경제신문 econoi.com

얘들아~

빨리 와!